格差社会を生き延びる“読書”という最強の武器

Reading Books as a Weapon.

大岩俊之
TOSHIYUKI ◆ OOIWA

はじめに

平成26年、総務省発表の情報通信メディアの利用時間と情報行動に関する調査によると、日本人の1日のインターネット平均利用時間は、休日の場合は86・1分で、20代にいたっては、その約2倍となっています。

これは、5年前に比べて1・5倍以上の数字で、今ではこれ以上に増えていると考えられます。

この時間をもっと読書に充てたら、あなたの人生は大きく好転するということを伝えたい想いで、この本を書きました。

終戦後70年、日本は高度経済成長期という時代の中で、世界経済と戦ってきました。終身雇用制度と年功序列制度に守られ、ワークスタイルは画一化し、「みなと同じように仕事を頑張っていればいい」という、いわば昭和の時代がありました。

会社の売り上げは右肩上がりで、技術力もどんどん高まり、働く人々は、時代の恩恵にあずかってきたのです。

会社の指示による転勤や部署移動などの理不尽さはあるものの、よほどのことがない限りは、定年まで正社員として会社が面倒を見てくれました。退職金もきちんともらえました。

それが今では時代が大きく変わり、会社の売り上げは上がらず、中国や台湾などアジア勢の台頭により、日本もかつてほどの技術力のアドバンテージが明らかになくなってきました。

その結果、バブル崩壊後から企業が採用の枠を大きく絞ったため、正社員になれない人も多く出てきました。一定期間、正社員というレールから外れてしまえば、派遣社員、契約社員などの非正規労働者としてでしか働けなくなってしまう世の中です。

これが、今の日本の格差社会を生み出しました。

いい大学に入りさえすれば、いい会社に入れ、将来安泰で高給取り、という時代も終わりつつあります。大企業でも倒産したり、リストラをする時代です。

これからの日本では、グローバル化の中で活躍する人材が必要となり、言われたことをこなすだけの人間ではなく、何事も自らが考え、創造力を発揮し、主体性をもって動いていく人間が必要となりました。

個々の人間力と独自のパーソナリティが重視されるようになってきたのです。

すなわち、**「生きていく力」**を自分で磨くしかないのです。

つまり、個々の力を発揮し、生きていく力を身につけるのに必要なのが、**「知識と教養」**なのです。知識と教養を身につけるには、今からでも決して遅くはありません。自分が思い立った日からはじめても十分間に合います。

みなさんのこれからの人生の中で、今日という日が一番若いのですから。

その知識と教養を与えてくれるのが、まさしく「読書」なのです。

ハッキリ言うと、読書をしない人間は、これから、日本の格差社会では生き残ることはできません。

「そんなことはない、読書しなくても生きていける」と思われた方もいるでしょう。

ですが、これから社会の中で核となり、必要とされる人間になるためには、読書は絶対に欠かせないのです。

もちろん、読書以外にも教養を身につける方法はあります。

さまざまなところに旅をすることも必要ですし、いろいろな経験を積むということも必要です。

ただしその中でも、読書というのは、現在の成功者、過去の偉人、歴史上の人物など、優れた人から話を聞くようなものなのです。

本には、優れた人の考え方など、他人の脳ミソが詰まっており、その本から必要な情報を取捨選択することによって知識や教養を会得することが、これからの時代を生き延びるために、絶対に必要なことなのです。

本書では、そうした背景を前提とし「なぜ読書が人を変えるのか」「どういう読書をするべきなのか」「どうやって読書を知識と教養という最強の武器に換えるのか」などを、本のタイトル通りに解説します。そして、その取り組み姿勢やノウハウを深く掘り下げ、激動の現代を生き抜き、近い将来に成功を収めるために必要な「読書」の真価を解き明かす内容に仕上げました。

今の日本の格差社会を生き延びるために、本書は絶対に欠かせません。

もしも、自分には当てはまるかも、と思ったあなたは、今からでも間に合います。みなさんのこれからの人生の中で、今日という日が一番若いのですから。

読書が持つ偉大な力をこの本から存分に吸収して頂けたら何よりです。

平成28年9月　大岩俊之

Contents

Reading Books as a Weapon.

chapter 1

第1章 「成功者はみな読書家」であるという事実

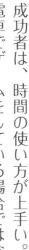

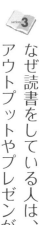

chapter 2

第2章 読書を教養に変える方法

chapter 3

第3章 ネットと読書の上手な活用法

chapter 4

第4章 あなたにとっての「いい読書」「悪い読書」

chapter 5

第5章 一流の人は、「小説」と「歴史」を大切にする

第1章 *chapter 1*

「成功者はみな読書家」であるという事実

section 1

なぜ成功者はみな読書家なのか

成功したから本を読むのではない

私は5年前に独立起業し、今では、夢であった研修・講演の仕事を年間150日以上こなすようになりました。自分の仕事のレベルが上がるにつれ、周囲に成功者が増えてきたと感じています。

普段、このようなことを言うと、「成功したから」「仕事で必要になったから」本を読むようになったのだと反論する人がいます。

そう言いたくなる気持ちも分からなくはないですが、私が見ている限りでは、成功したから本を読むようになったのではなく、**成功する前から本を読んでいて知識を増やし、自分を高めようとしたからこそ、成功できたのは明らかなのです。**

成功者は読書家というのは、私の意見だけではなく、多くの著名人が自分の著者の中でも記しています。他の有名な人が語っていることを知ると、みなさんも他人事ではなく、自分の事としてとらえられるようになるのではないでしょうか。

元マイクロソフト社の日本法人社長で、実業家である成毛《なるけ》眞《まこと》氏の著書『本は10冊同時に読め！』（三笠書房）の中で、このように述べられています。

「世界中の経営者や一流ビジネスマン、官僚、政治家は、みんなたくさん本を読んでいる。もちろん、ビル・ゲイツもものすごい量の本を読んできたから、世界一の大富豪にまで昇りつめられたのだ」と。

教育改革実践家である藤原和博氏の著書『本を読む人だけが手にするもの』（日本実業出版社）の中では、このように述べられています。

「私の感覚でいえば、弁護士、コンサルタント、医師などのエキスパートでありながら本を読まない人に、これまで会ったことがない。なぜなら、知識は常に入れ替わっていくもので、最新の情報を持っている人しか、顧客の期待に対して真に応えることができないからだ」と。

このようなことからも、成功者はみな読書家であることが、はっきりと言えると思います。読書をする人と、しない人で、「知的格差」「教育格差」が、ハッキリ出てしまっているのです。これでは、収入面や仕事面などで、大きな格差が出てしまっても仕方ありません。

成功するまでやり続けることが大切

私は、**「成功者はみな読書家」**というフレーズをある本で見つけて、年間300冊の本を読むようになりました。この一文が、私の人生を変えたのです。

そう、何気ない言葉が、人生を変えることもあるのです。

読書をすれば成功者の仲間入りができる可能性が広がると考え、私は本気で人生を変えようと思ったのです。

たくさん本を読むためには、速読を身につけた方がいいと思い、速読教室に何度も通いました。そして、年間で３００冊読むことを、ずっと続けました。これだけは、今でも自分ですごいと思っています。

私が本を出版するに至った経緯で、一番のポイントは何かといえば、**「最初は出版はできませんでしたが、そのとき立案した企画で、ずっとセミナーをやり続けた」**ことに他なりません。

こうして私は地道に頑張っているうちにある出版社の目に留まり、本を出す著者となったのです。地道な作業を繰り返すと、必ず、誰かが見ていてくれるものです。成功するまでやり続けることが大切だということが、自分自身つくづく分かりました。

実際に、読書によって私の生活はがらりと変わった

先日、講演用の資料を作っていたとき、自分がどう変わったのかを書き出していて、あることに気がつきました。当時は無理だと思っていた夢や目標が、ほとんど叶って

いたのです。

どのようなことかというと、

・家族と住宅ローンを抱え、みなに反対されながらも独立起業できた。

・夢であった著書を、電子書籍を含めて5冊も出すことができた。

・人前でしゃべったこともなかった人間が、年間150日ほど登壇するようになった。

・今では声をかけて頂ける講師として、セミナー、講演、研修をこなすようになった。

このように、読書によって私の生活はがらりと変わったのです。

本を読むことによって得た知識があったからこそ、見えない将来の不安がありながらも、やり遂げることができたのです。

当然ですが、成功している人は、勉強熱心な人が多いです。

特に、読書をすることで、次のような恩恵が受けられます。

・新しい視点や考え方を与えてくれる。

・筋道を立てて考えるクセがつき、説得力を持った話し方ができるようになる。
・常に、考える力が身につく。
・文章を読み解く力がつき、文章の理解力が上がる。
・成功者の考え方が身につく。
・過去の失敗を、本で体験できる。
・人間本来のあり方が身につく。
・他人の事例が学べる。

本を読まない人は、考える力も増えず、新しい視点で物事を考えることが、本を読む人に比べて乏しくなってしまいます。

この差が、「知的格差」や「教育格差」を顕著に生みだしているのです。

ですが、生き方にはいろいろな考えがあります。

みなさんはどちらの人生を選択するのか、それは自由です。

section 2

たった1500円で他人の脳ミソが買える（知れる）という事実

無料で得られるものからは何も生まれない

本を読まない人に本の価値について尋ねてみると、たいてい「本は高い！」という答えが返ってきます。

確かに、デフレの時代で、モノの値段はかなり下がりました。

100円ショップの台頭や、ファストファッションと呼ばれる安い衣料品を販売しているお店が出てきたり、家電量販店で安くなった高性能の家電を見ていると、たった1冊で1500円もする本は高いと思ってしまいます。本は、値段も下がっておらず、値引きも一切ありませんしね。

本を読まない人は本の効果を知らないので、値段だけ比べれば、単純に高く感じてしまいます。しかし、**本の効果を知っている人にとっては、非常に安い買い物**だということが分かります。

会社員の人は、会社で研修を受けた経験があるのではないでしょうか。もしかしたら、会社から無理やり受けさせられたのかもしれません。これは、無料だと思っている人が多いのですが、きちんと会社がみなさんの代わりにお金を払っています。

なので、本の1500円が高いと思ってしまうのです。

この感覚が、非常によくないのです。**無料のセミナーを探している人もいますが、このように無料で得られるものからは、何も生まれません。**このような感覚では、どんどん知的格差が開いてしまっても仕方がないのです。

本1冊で人生が変わるなら安いもの

本を書いてみると分かるのですが、200ページ前後の原稿を書くのに、かなりの時間を要します。最低でも、数か月はかかります。1日~2日で、完成するものではありません。その間に、内容を棚卸ししたり、参考になる文献を何十冊~何百冊読み込まなければなりません。

完成までの時間は、著者の仕事の忙しさや、空き時間の使い方によっても違いますが、私は1冊が1500円で売られるなんて想像もつきません。逆に、1冊数万円で売ってほしいくらいです。

そのうえに、著者が、何十年もかけて勉強してきたこと、経験してきたことが、1冊の本にまとめられているのです。本を書くような人は、たくさんの失敗もしていますし、自己投資にものすごくお金を使っているはずです。

さらに出版社は、本を書く人を慎重に選んでいますので、それなりに実績や知名度のある人しか本は出せないのが実状です。その本を書くのにふさわしい著者であるかどうかは、非常に大切な要素なのです。

本は、**通常では会えないような著名人の頭の中を、たった1500円で知ることができるのです。今では出会えない過去の偉人の考え方が、古典を読めば分かるのです。**

これは、すごいことだと思いませんか？

これで、人生が変わるなら安いものです。

テレビに出ているような有名人に会いたいと思っても、まず会えませんよね。そんなときに、その人の頭の中を知りたいと思えば、本を買って読めばいいのです。

テレビに出ているような人は、たいてい本をたくさん書いています。その本を全部読めば、「普段、どのようなことを考えているのか？」「今までにどのような苦労をしてきたのか？」などを知ることができます。

有名人でなくとも、いろいろな人がＳＮＳなどで紹介している人、雑誌や新聞に取り上げられている人、ネット上でコラムを持っている人など、気になる人が出てきます。

そんなとき、その人のことをもっと知りたいと思えば、たいていは、その人のホームページやブログを見にいきます。それよりも、もっとその人のことを知りたければ、その人の著書を読むことです。著書のない人もいますが、何らかの著作がある確率はものすごく高いのです。

成功している人からヒントをもらえばいい

転職する方法を知りたければ、その道のプロの本を読み、やり方を教えてもらえばいいのです。

営業で売れるようになりたければ、営業に関する本を読んで、営業成績がよかった人の脳ミソを借りればいいのです。

セミナー講師になりたければ、セミナー講師で活躍している人の本を読んで、やり方をマネすればいいのです。

心理カウンセラーになりたければ、心理カウンセラーで有名な人の本を読んで、やり方のヒントをつかめばいいのです。

このように、本から得られる知識や内容というのは、計り知れません。

特に、私がすごいと思っているのが、今では会えないような人、すなわち今存在しない人のことですが、過去の哲学者、偉人、歴史上の人物の考え方を知ることができることです。

過去の哲学者、偉人、歴史上の人物の考え方というのは、本でしか知り得ないのです。長い間、本を通してその内容が受け継がれてきている、いわば宝物なのです。

このように、自分がなりたいと思い描いている人の本を購入し、その人の頭の中を借りて、実際に自分で試してみればいいのです。

これは正直にいうと、ものすごく効果がある方法です。

過去の哲学者、偉人、歴史上の人物の考え方を自分の糧とし、経営に生かしたり、ビジネスに生かしたり、自分自身の生き方に生かすことができるのです。

つまり、自分の人生のベースを作ってくれるのです。

本の中身と費用対効果を考えれば、1500円の投資というものは、非常に安い買い物なのです。

たった、1500円をケチるリスクの方が、高いとは思いませんか?

section 3

なぜ読書をしている人は、アウトプットやプレゼンが上手なのか

インプットが常にあるからアウトプットが豊富

成功している読書家は、雑談やコミュニケーションの使い手です。

今の時代、コミュニケーションができなければ、ビジネスは成り立ちません。成功者は、必ずといっていいほど、コミュニケーションの達人なのです。

成功者は、なぜコミュニケーションの達人になるのかというと、

- **会社の朝礼で、社員に向けて話す機会がある。**
- **会社の代表として、プレゼンする機会がある。**
- **成功者同士で集まる機会が多い。**

このような機会が豊富だからこそ、自然とコミュニケーションやプレゼンの達人に

なっていくわけです。

また、たとえ営業職であったとしても、大勢の人の前でしゃべる機会は限られており、放っておくとプレゼンはなかなか上手にはなれません。

そうなると、読書で知識を得る必要がなくなってしまいます。

何せ、普段使わなければ、本を読もうという気にもなれないかもしれませんから。

会社の代表の人や、人前でしゃべる人は、どんどん読書で本から知識や考え方を吸収しようとします。そうすることで、話の内容に厚みが増します。会社の代表として、人前でしゃべる機会や、講演する機会というのは、成功者、経営者だからあるのです。

読書を糧に試行錯誤することが大切

私もセミナー、講演、研修などをしているので、人前でしゃべるのは平気です。というよりも、何千回という登壇を続けて、平気といえる状態になりました。これは、私が独立起業してから身につけたスキルです。もともと、できたわけではありません。

努力して身につけたとスキルだと、ハッキリ言えます。

講師業は、中途半端な気持ちで食べていけるような世界ではありません。本業の合間など、ついでにやっているだけでは、たかがしれています。この仕事で、一家を支えるくらいの気持ちがないと、プロになって大きく稼ぐことはできないのです。

人に伝えるということは、今目の前にいる人だけでなく、その人を通して、たくさんの人たちに伝染していきます。参加者が30人だったとしたら、30人に伝えるのではなく、3000人に伝えるつもりで、私はやっています。

人の人生に、影響を与えるという責任があるのです。

自分が食べていくために、「どうしたら人が集まるのか?」「どうしたら商品を買ってもらえるのか?」「どうしたら、伝わるのか?」と、考えて、試行錯誤することが重要なのです。このような前向きなマインドが必要なのだと思います。

結局、人前でしゃべる仕事をしている人は、読書家が多いような気がします。人に伝えるためには、たくさんの知識を吸収しないといけないからです。となると、雑誌や新聞もそうですが、本から学ぶことが非常に多いのです。

自分のビジネスを広げようと思ったら、本人が前面に立って、セミナーなどを開催し、プロモーションしていく機会が必要となります。

このように、人前でしゃべる機会を、自分で作り出しているのです。

人前に立ってしゃべる、何かを伝えるということが、プレゼンの達人になる秘訣でもあるのです。

これからは、**人前でしゃべれないと成功できない、十分に稼げないのと同じように、読書家でなければ、この格差社会で成功はできない**と、私は確信しています。

成功している人はアンテナの感度が高い

普段から、何も考えずに、成功者の話しを聞いているだけだと、「話しのネタが多いな」「話しが面白いな」などと感じてしまい、肝心なところに気がつかずに終わってしまいます。

成功者や人前でしゃべるプロ講師は、普段から、面白そうなネタはないかと、アンテナを立てています。電車で隣に座った人の会話から、電車の中の広告から、テレビ、雑誌などからと、知識吸収に余念がありません。

ちなみに、読書がコミュニケーションに与える影響というのは、とても多いです。

例えば、

- **書籍はいろいろな情報の宝庫である。**
- **ビジネス書は今の流行が分かる。**
- **繰り返し本を読むから自分の身になる。**
- **新聞や雑誌から旬のネタをつかめる。**
- **人の成功や失敗体験が共有できるツールとなる。**
- **教養を身につけるために古典を学べる。**
- **人間としての基礎を哲学から学べる。**
- **自分のブックメンター（後述）から成功法則を学べる。**

このように、本から学べることは、たくさんあります。

人前でプレゼンするために本を読む人もいるでしょう。ですが、たいていは、本を読んでいたから成功者になり、成功したから人前でしゃべる機会が増えた、というサイクルが正しいでしょう。

つまり読書が、すべての基本となっているのです。

人前で話すなど、アウトプットを前提とした読書というのは、非常に頭に入りやすいのです。ただ単に本を読むだけの人と、何でもいいですが、人前でしゃべることが前提となっているアウトプットを考えた読書とでは、自分の身になるスピードが違います。

人前でしゃべる機会が多い人ほど、読書をした効果は顕著に現れます。

読書とコミュニケーション、成功者とプレゼン、プレゼンとアウトプット、それぞれが、密接に絡み合っているのがお分かりいただけたでしょうか。

成功したければ、今から読書をはじめても、決して遅くはありません。

section 4

読書で得た知識はその人の考え方や人生観までも創る力を持っている

自分を信じて努力することで結果は出る

読書で得られるものはなんでしょうか？
読書をした先には何があるのでしょうか？
おそらく、このような疑問を持つ人も多いのではないでしょうか。

読書をすると、先述したような利点があるのですが、実はこれだけではなく、読書はみなさんの考え方や人生観までも創る力を持っているのです。

1冊の本が、人の人生までも変えてしまうのです。
結果的には、日本、世界を変えることにもつながります。

市場には「成功者がどうやって成功したのか」が書いてある本が、たくさんあります。必ず、その本の中には、ある人に出会ったり、読書である考え方に感銘を受けたことが書かれていたりします。それらを知るために、私は読書を続けてきたのです。

ひとつ難点を挙げるとすれば、それらの本を読んでも、自分が成功できるかどうかは分からないことです。それでも、自分を信じて努力を続けた人が結果を残すのです。私も、自分を信じて努力し続けて、結果を残すことができました。

日本を代表する実業家であるソフトバンクグループ代表取締役社長である孫正義氏や、ファーストリテイリング会長兼社長である柳井正氏は、かなりの読書家であることで知られています。

孫正義氏の愛読書は、司馬遼太郎の『竜馬がゆく』（文春文庫）だとのことで、創業時期に数々の経営難や、病気になったときに救ってくれた1冊のようです。

一方、柳井正氏の愛読書は、ハロルド・ジェニーンの『プロフェッショナルマネージャー』（プレジデント社）だそうです。本の帯にも、柳井正氏が「これが私の最高の教科書だ」と書いてある通り、経営の教科書としてもおすすめしていることは有名です。

2人の考え方や人生観は、実際に本から創り上げられているのです。

1冊の本が本当に人の人生を変えてしまう

先日、経営者が集まる会で講演をさせていただきました。その2次会で、すでに成功している経営者から、本にサインを求められたのですが、その中には名古屋、いや世界を代表する、居酒屋チェーンの会長がいらっしゃいました。

その方も、ある1冊の本に感銘を受けて、1軒のお店からスタートしたそうです。その本に書いてあることを忠実に行動に移した結果、今では百店舗にも近いお店を経営する人になったことを、その場でお聞きしました。

本当に、**1冊の本が人生を変えるきっかけを作る**ことを、あらためて、感じさせられた出来事でした。

この本を読んだみなさんは、せっかく、読書が人生の役に立つことを知ったのですから、ぜひ、もっともっと意識を高くしてもらいたいと思います。

本があるからこそ、成し得ることがある

明治大学の教授である齋藤孝氏の著書『読書力』（岩波書店）には、このように書かれています。

「何のために読書をするのか。読書をすると何がよいのか。こうした問いに対する私の答えは、例えば、読書は自己形成のための糧だからであるというものであったり、読書はコミュニケーション力の基礎となるからだ」といったものでした。

読書とは、自分自身を形成するための根本になると考えてよいでしょう。

自分に合った本や著者に出会うことで、どんどん自分自身が形成されていきます。

仕事や人生で困ったときに、心の支えとなってくれるでしょう。

私が起業に興味を持ったとき、一番最初に読んだのが、ナポレオン・ヒルの『成功哲学』（現在はきこ書房）でした。17歳のころに、本屋さんでたまたま見つけました。何とか人生を逆転させたいと思って、何度も何度も読んだことを思い出します。両親には、「いい大学に入って、一流企業に勤めなさい！」と言われ続けてきたため、親に反抗したかったのか、とにかくこの本に書いてある考え方に夢中でした。成功して、夢を叶えたかったのです。親に話して大激怒されてからは、起業したいという思いを人に話さないようになりましたが、その気持ちは心の中で湧き上がっていました。その後、大学に進学し、卒業時にも親に大反対され、仕方なく就職する道を選びましたが、やっとの思いで5年前に起業しました。起業の考え方を目覚めさせてくれたのは、ナポレオン・ヒルの『成功哲学』だったのです。

ちなみに起業前後で、私のメンター的存在になった本は、他にもあります。それは、戸田智弘氏の著書『働く理由　99の名言に学ぶシゴト論。』（ディスカヴァー・トゥエンティワン）です。偉人や成功者のキャリアに関する名言を抜き出したものです。

この本に書いてある言葉に感銘を受けて、仕事も貯金もほとんどない中、まわりの反対を押し切って起業したのですが、今思えば本当によかったと思っています。

この本の参考になったところは、後の章で詳しくお話ししますが、起業してから、仕事がなかったときも、この本に書いてある偉人の言葉に何度救われたことでしょうか。自分が成功している数年後の姿だけを思い描き、成功者と同じ行動をできる限りマネして、何とか切り抜けてきました。

会社員であったころの行動と全く逆のことをしていたので、周囲からはかなり叩かれましたが、本があったからこそ、耐え抜くことができました。

このように、この2冊の本は、私の人生観を創ってくれました。

「読書の先には何があるのか？」と感じるかもしれませんが、その先を信じて読書をしてきた人と読書をしなかった人とでは、結果的に知的格差が開いてしまうのです。

section 5

読書習慣のない人間は、これからどんな末路を辿るのか

世界は今、大変な時代に突入している

私立中学校1年生になったばかりの私の娘は、学校からある用紙をもらってきました。とても感心させられたのですが、そこには、こんなことが書いてありました。

「難関大、難関学部合格で、一生安泰とは言えなくなる時代到来」

一部省略しますが、次に、このように説明されていました。

「終身雇用、年功序列などの雇用の変化↓少子化↓市場の縮小↓グローバル化↓正解のない答えを創造する力↓大学の変革↓大変な時代へ」

本当にその通りです。それを知らず、いまだに大企業入社を夢見て、学歴信仰を続

けている親も子も多いのです。
子供に、自分の世代と同じように、大企業に入れば一生安泰だと思って、教育している親は実に多いのです。公務員という仕事が人気なのも、その表れでしょう。

今までは、正社員で会社に入社さえすれば、会社が守ってくれました。本を読んで知識を増やし、自分の考えを持たなくても、会社に言われたことをやっていればよかったのです。

それが、バブルの崩壊、リーマンショックで、だいぶ状況が変わってきました。

今後もイギリスのEU離脱問題で、また経済に大きく変化があるかもしれません。
正社員での採用は絞られ、契約社員や派遣社員などの非正規労働者が増えました。
景気の悪い会社は、リストラや採用抑制によって、人員はかなり減っています。
今の正社員は、昔の2～3倍の仕事をしなくてはならなくなってしまいました。

大企業でももはや安泰な時代ではない

日頃、企業研修やコンサルティングをしているときに会社員の方と話をしますが、ほとんどの方が「本は読まない」と答えます。本を読む人は、読書が趣味の人くらいで、自分を高めるために本を読んでいる人は、ほとんどいないように感じます。

もし、一生懸命勉強し、いい学校に入って、自分が納得する大きな会社に入れたとしても、万が一入社した会社で環境が合わなかったり、人間関係で悩んでしまい、メンタル的な病気になったりして、一度正社員のレールから外れると、大変なことになります。まだ若ければいいですが、ある程度の年齢になると、非正規労働者になる可能性は非常に高くなってしまいます。

一度、非正規労働者になってしまうと、なかなか正社員には戻れません。年収の低い男性の場合は、結婚さえもできないという現実もあるようです。

それぞれの時代に人気のあった企業は、数十年経過した後、業績のよくない会社に変わっていることは多々あります。

銀行は合併を繰り返し、ダイエーや日本航空は経営破綻し、パナソニックやソニーが、こんなに低迷してしまうとは、誰も想像だにしなかったでしょう。つい最近では、シャープが外国企業に身売りしてしまうというニュースがありました。**40代・50代でリストラされたら大変です。しかし、自分でよいと思って会社に入った末路は、こんな感じなのです。**

読書が自分の身を守る投資になる

先日も「同一労働同一賃金」の話が話題となりました。非正規労働者が、正社員と同じ仕事をしているのに、給料が全然違うと訴えているのは分かります。

そこで読書習慣を身につけて教養を学び、自分で稼げる能力を身につけていれば、正社員で会社に入れたかもしれませんし、起業して自分で稼げたかもしれません。

その努力を怠ったのに、国が悪い、企業が悪いと、騒動を起こしても仕方がありません。自分の身は、自分で守るしかないのです。こんなことにならないよう、本を読んで教養を身につけておかないといけないのです。

先ほども述べましたが、**現代の社会人は、仕事以外の勉強はほとんどしていません。長い目で見た、自分への投資がありません。**当然、本も読みません。

大学入試も、2020年から大きく変わります。今までの暗記中心の「知識偏重型」から、思考力や判断力をいろいろな角度から評価する「知識活用型」への移行を目標としています。学校側も今までのような暗記中心の教育ではなくなってくるでしょう。

企業の採用方針も変えなければならないときが来るかもしれません。

海外のように、日本も新卒一括採用（大学卒業と同時に会社に入る）の時代ではなくなると、大学を卒業したからといっても正社員での就職先はなくなってしまいます。

自分の実力がなければ、仕事はなくなってしまうのです。

必要なのは、会社で文句も言わず、言われていることを従順にこなすという能力ではないのです。**どこの会社でも通用する、起業してもやっていけるスキルなのです。**

将来的には、日本の企業は自動化を進め、仕事がなくなっていくと説いている人もいます。

ただ、モノを作ればいい時代ではなく、新しいことを考えて、創り出さないといけない時代なのです。つまり、知的創造です。

日本からは、グーグルやアップルのような、画期的なことを考える会社が出てきていません。ソニー、シャープ、東芝など、モノづくりの会社は、みな苦しんでいます。

これも、本を読んで、自分の頭で考えるということをしない経営陣が多いからではないかと私は思っています。

section 6

成功者は、時間の使い方が上手い。電車でゲームをしている場合ではない

「本を読む時間がない」は言い訳でしかない

私は日頃、講演やセミナーなどで、会社員や経営者の方などに向けて「読書が大切ですよ！」とお伝えしているのですが、たいていこのような返事が返ってきます。

- **本を読む時間がない**。
- **本を買うお金がない**。

たいてい、この2つです。

まだ、本を読むことの大切さが分かっていると考えている方はいいと思いますが、そもそも本を読むことの大切ささえも考えたことがない方もたくさんいます。

本を読む時間がないという方が多いのですが、はたして本当に時間がないのでしょうか。成功している人のほうが、はるかに忙しいはずです。ですが、本を読まない人は、自分が一番忙しいと思ってしまっているのかもしれません。

私も会社員時代、22時、23時まで毎日仕事をしていたことがあります。休みの日は読書どころではありません。家族サービスだって必要です。ストレスも解消したいので、趣味にも時間を使いたいです。ですので、気持ちはよく分かります。

しかし現在の私は、フリーランスとして独立し、最近ではかなり忙しくなってきました。休みの日は、正直ほとんどありません。仕事に出かける予定がなくても、このように執筆活動をしたり、講演や研修のテキストを作ったりしています。経費精算や請求書の作成もしています。

それでも、実際に多くの本を継続的に読んでいるので、作ろうと思えば本を読む時間はあるのです。不思議な感じです。会社員のときのほうが、休みの日はあったはずです。仕事から解放された自由な時間はあったはずなのです。

忙しい成功者ほど実は本を読んでいる

先述のとおり、本を出版するようになったころから、私のまわりには成功者がたくさん増えました。みなさん、本当に忙しいです。休みなしで働いています。

誰よりも、たくさんの仕事をこなしているはずです。

それでも本を読むのです。みなさん本当に読書家です。

本を読む時間がないという人は、一人もいません。

仕事の関係で、私のまわりの成功者の中には、人気の講演家やベテラン研修講師の方もいます。そのような方を近くで観察していると、昼休憩中に本を読んでいたり、長時間のワーク（講義の課題）中に本を読んでいる人もいます。

ワーク中は、本来、本を読むのは好ましくありませんが、人気講師だからこそできるワザなのかもしれません。ですが、みな一様に、時間さえあれば本を読んでいるのです。そのような空いた時間に、本を書いている人もいるくらいです。朝早く会社に出社し、読書時間にあてている人もいます。寝る前に、毎日数十分だけでも本を読んでから寝るという経営者もいます。

成功者は時間の使い方が上手なので、仕事も読書も無駄なくこなして成功しているのだとも言えます。収入は人によって差ができますが、**「時間」は誰にでも平等であり、決して増やすことはできません。**成功者は、お金で時間を買っているのです。一部、極端な例もあり、成功者だから、経営者だからできるのだと思われているのかもしれませんが、みなさんの身近にも活用できる時間はあるのです。

通勤電車を思い出してください。ほとんどの人が、スマートフォンを触っています。たまに前に立つ人のスマホ画面が目に入りますが、たいていゲームをしています。ネットサーフィンやSNSなどをしている人も多いです。

もしくは、イヤホンをつけて、動画などを見ている人もいます。非常に残念なことですが、本を読んでいる人などごくわずかですし、スマホで電子書籍を読んでいる人なども、ほとんど見かけません。

考え方を変えれば、読書の時間は捻出できる

このように、まず**移動時間である電車に乗っている時間を、スマホの操作から読書に変えるだけで、読書時間は確保できるはずです。**

都市圏では、なかなか電車の席に座れない人もいるかもしれませんが、立っていても本は読めます。

私の通勤ルートは、必ず席に座れるのですが、仕事の移動で席に座れないときは、立って読んだり、到着した駅のホームで椅子に座り、10分くらいだけでも本を読むようにしています。熱中しすぎて、30分くらい本を読んでしまうこともあります。

車通勤で本を読めない人もいるでしょう。そのようなときは、カフェに寄ってコーヒーを飲みながら、数十分だけでも本を読む時間を作ってはいかがでしょうか。

もし、家に帰って、ビールを飲みながらテレビを見ている時間があるのであれば、まずは少しだけでも読書をする時間に変えましょう。

このように読書をする時間は、実はたくさんあるのです。考え方を変えれば、時間は捻出できるのです。おそらく、読書が人生に与える影響を分からないので、読書への優先順位が低いのだと思いますが、この本を最後まで読んでいくうちに、テレビやネットサーフィン、ゲームをしている場合ではないことに気がつくでしょう。

この本を読んでいる人の中には、食事をする時間がない、昼休憩をする時間がない、テレビを見たりやビールを飲んでいる時間がない、スマホを操作したり、インターネットをしている時間がないという人はいないはずです。

読書は、時間を効率的に生み出すツールでもあるといえます。

現代人は、特に忙しいです。時間もありません。給料もなかなか上がらない時代になりました。仕事の量も数十年前に比べたら、2~3倍以上に増えています。

その中でも、**忙しくても時間を捻出し、効率的に時間を使い、読書の時間を確保している人が、これからの時代についていける人なのです。**

多くの成功者のように考え方を変えさえすれば、読書をする時間はいくらでも捻出できるはずなのです。

section 7

格差社会で生き残るために、読書が最強の武器になる理由

実は日本は貧富の差が激しい国

いろいろと調べてみると、**日本は、お金持ちと貧しい人との格差がある国**だということが分かります。最近は、身近にいる人を見ていて、そのように感じるようにもなってきました。

私の地元である名古屋の中日新聞に、新貧乏物語という記事がありました。

それは、ＯＥＣＤ（経済協力開発機構）に加盟する34ヵ国の子供の貧困率を示していたものでした。貧困率が高い国は、１位がトルコで、26・４％、２位がイスラエル、３位がチリ、４位がメキシコ、５位がギリシャで、日本は11位で、16・３％となっています。

ＯＥＣＤの平均は、13・３％ですので、日本は平均よりも悪いのです。**実は日本は、ＯＥＣＤ34ヵ国のうち11番目に貧富の差が激しい国なのです。**

総務省が発表した、平成26年の家計調査報告によると、年齢が高くなるにつれて貯蓄額が多くなっていることが分かります。世帯主が60歳以上の世帯では、およそ３分の１の世帯が２５００万円以上の貯蓄を持っていると示しています。

逆に40歳以下の世帯では、ほとんど貯蓄を持っていないどころか、負債も多いというのが実情なのです。

２０１５年11月４日に厚生労働省が発表した、「就業形態の多様化に関する総合実態調査」では、ついに非正規労働者が40％に達したそうです。

民間給与実態統計調査で発表された、平成26年の正規・非正規給与所得者の収入状況によると、**非正規労働者の平均年収は、１７０万円です。ちなみに、全体の平均年収は、４１５万円です。**（正規：４７７万円　非正規：１７０万円）でした。

これでは、**正社員との差が300万円**もあり、生活も苦しくなってしまいます。

知的格差も教育格差もどんどん開いている

雨宮処凛《あまみやかりん》氏の著書『下流中年　一億総貧困化の行方』（SBクリエイティブ）によると、正社員であったとしてもこの20年間で給料が上がった人と、まったく上がっていない人との差もくっきりと分かれているそうです。給料が上がっているのは、グローバル経済の恩恵にあずかっている大企業の管理職以上だけで、正社員であったとしても、格差が開いているのです。

こうした状況は教育にも影響してきており、「教育格差」とも言われています。一時期話題になっていましたが、教育統計学者の舞田敏彦氏がツイッターにアップした「東大生の家庭の年収分布」によると、世帯主が40～50歳で世帯年収が950万円以上ある家庭の割合は、一般世帯で22・6％であるのに対し、その中で東大生の家庭では57・0％を占めるそうです。

このように日本は、まぎれもない格差社会なのです。

そのことを頭に入れてほしいのです。みなが中流の社会では決してないのです。何もしなければ、どんどん知的格差、教育格差が開いてしまうのです。

こうした現状をふまえ、人生を変えるため、人生を逆転するため、教養を身につけて一流になるために必要なのは、まさに「読書」なのです。低学歴でも、偏差値の高い大学に入れなかったとしても、世間でいういい会社に入れなかったとしても、いつでも人生の逆転は可能なのです。

何も努力をしなければ、格差社会に流されてしまう

ドリームインキュベータ代表取締役である堀紘一氏著書『自分を変える読書術　学歴は学〈習〉歴で超えられる』（ＳＢクリエイティブ）でこのように言っています。

「教養の有無、一流であるかどうかに、学歴はなんら関係がない。いわゆる一流大学

卒でも教養のない人はごまんといるし、三流大学卒でも一流の人間は大勢いる。その差を生む要因のひとつは、「どれだけ本を読んでいるか」という読書量の違いだと私は思う」

本当にその通りです。

私は、自分より上手くいっている人の本を何度も読み、徹底的に研究を重ねました。古典、哲学、名著を読み、人間の奥底にある真理や考え方を学びました。

そのおかげで、**自分の考え方が変わり、人の悪口を言わなくなり、「人のせい」「環境のせい」にしなくなりました。**

成功している人と付き合うには、「今何をしている人なのか」「将来どういう目標を持って、何をしようと思っているのか」「どうやって人に幸せを与えようとしているか」などという、夢や目標を語ることが大事です。

なにも独立起業しなくても、会社内で成功したり出世する方法は、いくらでもあります。私は、独立起業する道を選びましたが、今の現状をよりよくする方法は、いくらでもあるのです。

その原動力となるのが、読書なのです。

この格差社会で、自分を守ることばかり考えていたり、人や環境のせいにして、読書もせず、教養を身につける努力もしなければ、結果的にはどんどん下流の方に追いやられてしまいます。

まずは、日本は格差社会であること理解し、何も努力をしなければ、格差社会の下流の方に追いやられてしまうことを、意識しておいて下さい。

読書は、格差社会で生き延びていくための、最善の方法なのです。

section 8

成功者は、書斎、本棚にもこだわる

本棚の本は一定のルールに従って並べることで効果が出る

私も何冊か本を出していくうちに、成功者と呼ばれる人が、まわりにたくさんいるようになりました。

実際に、成功者と呼ばれる人の中で、何人かの方の会社や事務所、もしくは自宅を、訪問させていただいたことがありますが、みなさん、素晴らしい書斎をお持ちでした。

詳しく話を聞いてみると、みなさん、本の並べ方には、こだわりがあるようです。

それぞれ、自分の好きな本のジャンルがあり、そのジャンルに沿って並べられていました。

書斎を見ると、その人がどんな本を読み、どれだけ教養がある人なのか分かります。

書斎に何百冊もの本が並べられている人で、成功していない人に会ったことがありません。ここでも、本を読む人と読まない人の格差を感じてしまいます。

それだけ、成功者の書棚には、パワーがあるのでしょう。もしくは、本をたくさん読むという行動には、成功するためのパワーが宿るのかもしれません。

本棚は、買ってきた本を適当に並べるだけではなく、一定のルールに従って本を並べることによって、効果が出てくるのでしょう。

本棚の重要性は理解できたが、どんな本を本棚に入れたらいいのか？　と悩む人も出てくると思います。『本棚にもルールがある』（ダイヤモンド社）で、成毛眞氏は、こう述べています。

「本棚は、4段×2列の、セルが最低でも8つに分かれているものが理想だ。セルに割り当てていくジャンルは、原則として、自分の好きなジャンルでいい。ただし、最低限、①『サイエンス』②『歴史』③『経済』のセルのない本棚は、社会人として作ってはならない」

「サイエンス」「歴史」「経済」のジャンルは、外せないようですね。
書斎や本棚にこだわるのは、成功者に共通することです。

本棚の本は自分の人生や目指す方向で変える

私は、自分の興味があるもの、もしくは、これから、自分がなりたい分野に関連した本を並べていくとよいのではないかと思っています。

私の部屋には、大きな本棚を置くスペースがなく、ほとんどの本は、ウォークインクローゼットの上の棚に並べています。いろいろ置き方の工夫をしていますが、やはり、本を探すときに大変なので、8つのセルがあるくらいの本棚を購入しました。つい最近では、**ブックタワー**も活用しています。

5年前に独立したときは、キャリアカウンセラーと速読講座が中心でしたので、本棚の中身は、カウンセラーに関連する本、心理学に関連する本と、速読や読書に関する本がほとんどでした。当時はここまで読書に関する本は発売されていませんでしたので、読む本は限られていましたが。

そして、マインドマップや記憶術のライセンスを取得するにつれて、マインドマップに関連した本、記憶術に関連した本がほとんどになりました。

カウンセラーの技術をレベルアップをさせるために学んだ、コーチングやＮＬＰ（神経言語プログラミング）を勉強しているときは、コーチングやＮＬＰの本ばかりになりました。その後、プロ講師としてやっていくと決めてからは、講師になるための本ばかりになりました。

最近では、古典や名著といわれる本が、メインの本棚に置かれるようになってきました。

本棚というのは、自分の人生を創り出すものだと考えています。自分の人生や目指す方向が変わることによって、入れ替えていくべきではないでしょうか。

本棚もいくつか買い換えましたが、見やすく、自分の今考えていることがひと目で分かるものがいいでしょう。その本棚を見るたびに、自分の人生を考える機会にもなります。

そのようなことを繰り返していると、常に知識や教養を意識することになり、アンテナが立つようになります。その結果、重要な人と出会うようになったり、必要な情報が手に入ったりするようになるのです。

親の読書習慣が子供に影響を与える

金沢工業大学虎ノ門大学院の主任教授である三谷宏治氏の著書『戦略読書』（ダイヤモンド社）に、非常に共感する内容がありました。

三谷宏治氏は、仕事場のメインは自宅の書斎とのことです。私も講師業をしている手前、外でお客さまに呼ばれて講演や研修をするため、事務所は必要なく、自宅がメインの仕事場となっています。

そして、その三谷氏いわく、書斎が子供に与える影響が大きいというのです。三谷氏の著書から引用します。

「サラリーマンの子供たちには、親のやっていることが見えません。見えてもホワイトカラーの仕事なんて、子供たちには訳がわかりません。書類をつくることの価値、コミュニケーションを取る意味が分かるのはずっとあとでしょう」

先日、中学校1年生の息子（私には双子の男女がいます）とお風呂に入る機会がありました。

その中のひとつの会話なのですが、本を読まないお父さんから、「読書しなさい！」と言われても本は読みたくないが、私から言われたら、「本を読む！」というのです。その理由としては、私の仕事部屋に大量の本があることを知っており、本を読むことの大切さを知っているからとのことでした。

子供も親の背中を見て育っているのです。このようなことから、成功者は、書斎や本棚にこだわる人が多いのでしょう。

格差社会を生き残るための、知恵でもあります。

第２章　chapter 2

読書を教養に変える方法

section 9

知識の先に教養があるが、その知識のもとは「経験＋読書」

知識と教養は別のもの

知識と教養は、一見すると、同じような意味に思えますが、実は違います。

知識を調べてみると、

「知ること。認識・理解すること。また、ある事柄などについて、知っている内容」

と、記載されています。【大辞泉】

教養を調べてみると、

「学問、幅広い知識、精神の修養などを通して得られる創造的活力や心の豊かさ、物事に対する理解力。また、その手段としての学問・芸術・宗教などの精神活動」

と、記載されています。【大辞泉】

このことから、知識とは、ただ知っている、理解していることだけに対して、教養とは、ただ知っているだけではなく、創造的な心の豊かさや理解力、芸術、宗教など、知識をさらに応用したものであることが分かります。

ここには、古典や哲学、歴史などから学んで理解したことも含まれます。言葉の意味を調べてみても、知識の先に教養があるということが、分かります。

ライフネット生命代表取締役会長の出口治明氏の著書『人生を面白くする本物の教養』（幻冬舎）では、このように書かれています。

「教養を身に着けるには、ある程度の知識が必要です。教養と知識は、不可分の関係にあると言っても間違いではありません。しかし、勘違いしてはいけないのは、知識はあくまで道具であって手段にすぎないということです。決して知識を増やすこと自体が目的ではありません」

知識がないといけないのはもちろんですが、知識をただ増やすだけではいけないということです。とにかく、使える知識にしないといけないのです。それが、教養と呼ばれるものなのです。

知識を蓄えて応用することで教養になる

ではなぜ、近年の日本人は、知識や教養がないと言われるのでしょうか？

1つ目は、学校教育が、詰め込み型の知識偏重型教育だからです。考えたり、疑似的に体験したりすることよりも、たくさんのことを覚えておいて、テストのときに頭から取り出せる記憶力が求められます。

学校の先生も一応説明はしますが、覚えやすいように説明しているだけなのです。

2つ目は、最も大切なことです。それは、ほとんどの人が、本を読まないからです。

昔に比べ、本が売れなくなってきています。本屋さんもどんどん潰れています。

あるベストセラー作家の方に聞いたのですが、今は本が3万部売れれば、10年前の10万部に匹敵するそうです。これはある意味、大変なことです。

教養は、知識が元になっていますが、その知識を得るために必要なのは、「経験と読書」なのです。経験とは、実際に、見たり、聞いたり、自分で何かを体験したことによって、身につけるものです。

仕事でも、上司や先輩から仕事を教わって知識にしていきますが、ミスをするなど、実際に自分で失敗を体験した社員のほうが経験として印象に残るため、確実に成長が早いそうです。これも、自分で体験して学ぶことのいい例です。

私たちは、日々、いろいろなことを体験します。成功も失敗も、それがすべて経験になっていくのです。

「たくさん失敗をして、いろいろな経験をしなさい！」といったことを言われたことがあるでしょう。まさしくこの言葉も、たくさんの経験を積むといいということです。

旅行なども非日常が味わえるため、非常に印象に残りやすく、いろいろな風景や景色を見て新しい体験をしているといえます。

ですが、経験を積むには、限界があります。いろいろな経験をたくさん積むためには、時間やそれが実現できる環境が必要になります。

そんなときに、他人の脳ミソを借りる形で、経験をさらに広げてくれるのが読書なのです。

知識のもととなるのは「経験＋読書」

先述した出口治明氏も『本の「使い方」 1万冊を血肉にした方法』（KADOKAWA／角川書店）で、知識や教養を身につける方法として、1つは、人から教えてもらう方法、2つ目は、旅をして経験から知識を得る方法、3つ目は、本を読んで知識を得る方法があることを言っています。

その中でも一番知識を得ることができる方法というのが、読書をすることだとも述べています。

読書は、他人の経験を本から学ぶことのできるツールなのです。

現代の人であろうが、過去の人であろうが、関係なく自分が読みたいと思った著者から学ぶことができます。

明らかにいえるのは、**知識のもととなるのは、「経験＋読書」ということです。**

しかし、実際に経験を積むのには、時間や環境的な限界があります。

そのためにも、読書をたくさんして、知識を増やすことが大切になってくるのです。

格差社会を生き抜くためにも、知識というのは非常に大切なものなのです。

section 10

日本人に足りないのは教養。だから、読書という土台が必要

教養はお金に換えることができる

日本に働きに来る外国人は非常に勉強熱心で、日本の歴史などにも詳しい人が多いです。一時期、私は外国企業の商品を扱う商社で働いたことがありますが、その外国企業の人たちは非常に優秀で、豊富な教養がありました。

その当時は、私も本はほとんど読まなかったですし、歴史などには興味がなく、日本人なのに、外国人よりも日本のことを知らないという情けない状態でした。外国人と仕事をしている外資系に勤める友人に聞いてみても、みな同じことを言います。

では、教養が足りないと、どうなるのでしょうか？

海外のエリートビジネスマンと、対等に話ができないことになります。対等に話しができないということは、ビジネスにおいて不利になります。

世界を股にかける経営者や外資系企業に勤めている人しか当てはまらないので、自分には関係ないと思うかもしれません。ですが、教養は、お金を生み出すビジネスと、切っても切れない関係にあります。

簡単に言うと、

「お金持ちになりたければ、教養を身につけなさい」

「教養がなければ、お金持ちにはなれない」

と言い換えることもできます。

教養は、お金を稼ぐさまざま場面で、必要になるのです。


少し前からですが、私は「教養」に関する本をたくさん読むようになりました。

ビジネス書だけではなく、歴史、哲学、古典から学ぶということももちろんなのですが、知識を教養にするために、知識を自分なりにかみ砕いて理解するということをするようになりました。

これは、人にしゃべるためには、自分が深く理解していないといけないからです。

質問されたときに、非常に困るからです。しかしそうすることで、自分の講演や研修のレベルが、格段に上がりました。そうなると、自然と仕事が増えます。仕事が増えるということは、お金、すなわち、収入が増えるのです。

格差社会から脱出するためには教養が必要

評論家である加谷珪一《かやけいいち》氏の著書『お金持ちはなぜ、「教養」を必死に学ぶのか』(朝日新聞出版)では、このように述べられています。

「教養とは、物事の本質を見極めるための総合的な知識や考え方が、人格や行動に結びついたもの」と定義し、「教養に行動が結びつくとお金が生まれる」ということを書いています。

私たちは、つい、目の前にある儲け話や、成功する方法を追い求めてしまいますが、大切なのは、社会や経済を動かしている情報であり、それを知るためには、教養を身につける必要があるということです。

格差社会を生み出しているのもまた、教養なのです。**格差社会で生き残るため、格差社会から抜け出すためには、絶対に教養が必要なのです。**

これだけ日本の一般的な人が教養を持ち合わせていないのですから、少しだけでも教養を身につければ、格差社会から脱出できると思いませんか?

大手企業の部長や課長で、世間では勤務先と役職の自慢をしているのかもしれませんが、そのような人でも教養がない人が多いのです。

今は勝ち組であっても、教養がなければ会社という組織から外れたときに、戦うことができないので、必然的に格差社会に飲み込まれます。会社の肩書は、会社から外れたら、全く関係なくなります。そのときに必要となるのが教養なのです。

特に、これからの若い世代の人は、バブル経済でもなく、高度経済成長でもなく、大手企業は海外企業に吸収されたり、仕事が自動化され、雇用が少なくなるので、いい大学からいい会社に入れるのも一部の人だけになるでしょう。親の世代のように、何も考えず、普通に過ごしているだけでは、当然負け組になってしまいます。

近年の日本人は、明らかに本を読まなくなったと言われています。

本を読むのは、成功している経営者と、勉強熱心なビジネスマン、あとは読書が趣味の人くらいではないでしょうか。仕事では、医師、弁護士、大学教授、コンサルタントなど、かなり一部の人に限られるはずです。

一般的なビジネスマンは、ほとんど本を読む習慣はありません。電車で通勤しているサラリーマンを見ていれば分かります。**大人が本を読まなければ、その子供も本を読まなくなります。これは、時代を超えて連鎖していくものなのです。**

教養を身につけるためには読書が一番

明治大学教授の齋藤孝氏の著書『語彙力こそが教養である』（KADOKAWA／角川書店）では、このように述べられています。

「語彙とは教養そのものである」

語彙とは、勝手に増えるものではありません。語彙が増える過程で、たくさんのインプットがあったはずです。本や映画、テレビやメディアからのインプット、さらには人生経験からのインプットがあったから、語彙が豊かになった。

教養が足りないということは、語彙力が足りていないということです。語彙力が足りていないということは、インプットが少ないのでしょう。齋藤氏は、本だけではなく、映画やテレビ、人生経験からのインプットでも語彙が増えると言っています。

読書が優れているのは、移動時間など、電車の中でも読むことができ、時間を取らないということです。DVDのレンタルも安くはなってきましたが、旅行などで教養を増やすことを考えたら、本は極めて安いものです。

過去の歴史や哲学、古典などを学ぼうと思ったら、本しかありません。なかなか、ニュースや映画などから得るのは難しいでしょう。本は、読みながら感情も動かすことができます。その世界に入っていけるのです。

だからこそ、教養を身につけるには、読書が一番なのです。

section 11

読書の量が教養の差になる。資格の有無や学歴の差ではない

もはや資格を重視する社会ではない

「読書の量が教養の差になる。資格の有無や学歴の差ではない！」と、私はいつも公言しています。

ですが、なかなか相手に理解してもらうことはできません。学歴信仰の面影が強く残っている現代ですから、仕方ないことなのかもしれません。

それでも私が今のように独立しているから、何とか聞く耳をもってくれますが、これが、ひと昔前のダメダメな状態ならば、かなりのバッシングだったでしょう。

世の中、資格さえ取得すれば、何とかなると思っている人が、本当に多いです。

私も、資格がきっかけとなって仕事をしている、大学講師やキャリアカウンセラーの仕事がありますが、それは資格がきっかけとなっただけで、本当の意味で仕事になったのは人脈がすべてでした。

私を見て、同じように資格を取得すれば、同じような仕事ができると思っている方が多いので、びっくりしています。

資格を信仰している人は、自分ができないレベルの仕事をしている人に対して、上級資格があるかないかで、判断していたりするのです。

その仕事には、上級資格は必須ではないので、私は仕事の中身が勝負だと思っています。そのあたりの考え方も、格差社会から抜け出すには、必要な要素です。

この本は読書をして格差社会から脱出することがテーマなので、**資格よりも、読書と教養の方が大切**なのは、お分かりいただけるはずです。

実際に使える教養こそ本物の教養

繰り返しますが、私は読書から身につけた教養で、今の仕事をこなしています。

教養を身につけたからこそできた人脈などから、仕事がたくさん舞い込んできますが、決して資格の有無で仕事をしているのではありません。

私は教養のレベルで、付き合う人が変わるように感じます。これも、読書で身につけた教養の効果なのでしょう。**自分の教養レベルが上がるにつれ、どんどん素晴らしい人がまわりに増えます。**

最近、ビジネスパートナーとして、一緒にビジネスをしている人がいます。年齢は私より15歳くらい下なのですが、企業ではなく個人相手に100万円や200万円の仕事をたくさん受注しています。

気になったので、資格の有無について聞いてみたところ、普通自動車免許しか持っていないとのことでした。これには、笑ってしまいました。

今では、逆に資格がないという人の方が少ないくらいですから。

まさに、資格がなくても仕事はできる証明みたいなものです。その代わり彼は、自分のビジネスに関連する教養を、読書やセミナーによって確実に身につけています。

SNSの活用の方法や机上の理論ではない本物のマーケティング理論、人を動かす心理学などの習得にも余念がありません。

これが読書から得た本物の知識なのではないでしょうか。

彼を見ていると、高いお金を払ってコーチングを学んだ人より、数倍も上手だなといつも感心してしまいます。しかも、ビジネスの現場で使いこなしているのです。

どんどん、相手の頭の中にあることを、引き出して整理していきます。お客さまであるクライアントが、どんどん、変わっていきます。

まさしく、これが、本物の教養だと感じました。資格ではなく、実際に使える教養かどうかなのです。

生きた知識を身につけることが大切

私が独立する前、仕事や人生で悩み転職を繰り返していたころ、私は自分に自信がなかったので、資格をたくさん取りに行きました。

たくさんのお金を払って、IT系、カウンセラー、FPなどの資格をたくさん取得しました。社会保険労務士の資格も学校に行って取得を目指していましたが、さすがに難しすぎてやめました。数百万円は使ったはずです。

ＩＴ系のネットワークやサーバー管理者の資格を取得するために、パソコンも複数台購入したりしました。残念ながら、どれも今は、全く使っていませんが。

独立したてのときも、ＭＢＡスクールに通えば、自分に箔《はく》がつくと思い、一時期真剣に考えたことがあります。資格学校や、ＭＢＡスクールなどは、資格の効果についてものすごくアピールしています。

しかし、ＭＢＡスクールの体験セミナーに参加して思ったのですが、講座の内容は大企業が扱うロジックで、大企業の社員の方が学ぶと、とても効果が高いと思いました。ですが、そうでない人には参考になる程度で、そこまでお金を払う価値があるのだろうかと感じてしまいました。

経営者で、現場で使いたいだとか、将来、大学で教えたいなどという目的がある人ならいいかもしれません。

また、私はコーチングをセミナーでも習いましたが、どちらかというと実践的な部分は本で学び、その具体的な使い方を「ビジネス」の本で学びました。

私が、コーチングをやめてしまったので、周囲の人は、もう使っていないかと思っているのですが、実は、ビジネスの営業の現場で、仕事の応用場面で、営業研修の場で、その考え方をふんだんに使っています。

みなさんも資格を取得しようという意識の高さは素晴らしいのですが、知識の使い方を間違えると頭でっかちになってしまいます。格差を広げないためにも、読書で教養を身につけることは大切なのです。

生きた知識を身につける。それを、読書から学ぶ。そして、その知識を実際に生かす。

これが本物の教養なのです。

section 12

月に4~5冊は、最低読みたい

読む習慣がなければよい本に出会えない

読書の大切さはお分かりいただけたと思いますが、なかなか読書を習慣にするのは難しいことです。みなさんに、そんなに高い要求は、したくはありません。

本当は、月に10冊くらいと言いたいところですが、**月に4~5冊でも読み続けてほしい**と思います。

本を読む習慣がなければ、よい本に出会うことは難しくなります。速読や読書法を習ったとしても、読書習慣がなければ、読むスピードは元に戻ります。

速読などの読書講座に限らず、他のセミナーでも、セミナーに参加した後、そこで学んだようになりたい人が１０００人いたとしたら、そのうち実際に行動するのは１００人だと言われています。さらに、その内容を継続する人は１人だとも言われています。1000人いても、セミナーの内容を行動に移し、継続して自分のものにするのは1人しかいないということです。たった0.1%です。

このあたりが、運悪く非正規労働者ということで十分な収入がもらえず、格差社会の餌食《えじき》になってしまった人たちが、そこから抜け出せない理由なのかもしれません。抜け出そうと思っていても、行動を起こせないからです。行動を起こしたとしても、結果が出るまで継続できないからです。

しかしいい方向に考えれば、**それだけまわりの人が続けられないのだから、自分がもし1000人中の1人になっていれば、人生を変えることができます。**

ライバルがいるようでいないのですから、継続できれば自分の独壇場です。

ちなみに私は、「習慣」に関する本を読んで、この原理は知っていました。ですから、どうしても自分は1000人中の1人になってやろうと必死でした。同じような時期に学びをスタートしたセミナー講師の中でも、私は、その1人に入っているという自負があります。

まずは本を読み続ける習慣をつける

読書を続ける効能は、実は、これだけではありません。

1冊だけでもいい本に出会えれば、それだけで、人生が変わる可能性があります。

私は自分自身を含めて、本で人生を変えた人にたくさん会ってきました。

これが、2冊目、3冊目といい本に出会うことができれば、自分の血となり肉となり、どんどん教養に変わっていきます。

ビジネス書も大切ですが、歴史、小説、古典、名著、科学、哲学など、読まなければいけない本はたくさんあります。

読書を教養に変えるためには、たくさん、いろいろな種類の本を読み続けてほしいのです。

知的格差を広げないためにも、本を読み続けるという習慣が必要なのです。

電車に乗っている時間、カフェでコーヒーを飲んでいる時間、家でテレビを見てい

る時間などを、少しでも読書の時間に充ててほしいのです。

格差社会に負けないためにも、これくらいの努力を惜しんではいけません。

みなさん、今のままの人生で、いいのですか？

習慣は21日間あれば身につく

このようなことを書くと、

・1週間で1冊を読むだけの時間がない。
・自分の楽しみの時間は取っておきたい。
・仕事で大変なのだから休憩時間も欲しい。
・土日の休み時間がなくなってしまう。
・デートや家族サービスの時間も欲しい。
・別に、本を読まなくても何も変わらないのではないか。

など、たくさんの言い訳が聞こえてきそうです。

言い訳するのは、簡単です。

実際に始めなければ、何も変わりません。

実際に、**読書を習慣にしてしまうと、月に4〜5冊の本を読むというのは、そんなに難しいことではありません。**

何でもそうですが、習慣にしてしまうまでが一番大変なのです。

新しい会社をゼロから作るときのパワーよりも、ある程度でき上がった会社に使うパワーの方が少なくて済みます。

これは、車の燃費でも同じことが言えます。信号などで止まっている車を停止した状態から動かすときに使う1速のギアのときが一番パワーが必要で、このときにガソリンをたくさん使います。しかし車がある程度走り出したら4速、5速のギアに変えていけばよく、あとは惰性でも走るため、あまりパワーも使わず、ガソリンも使わなくて済むのです。

読書もこれと同じで、まずは習慣にしてしまうための数か月が一番大変だと思ってください。

新しい習慣は、21日間あれば身につくと言われています。

これは、1960年に、アメリカの形成外科医マクスウェル・モルツ博士が提唱したものです。習慣を変える必要がある人は、まず、21日間頑張りましょう。

読書習慣が身につけば、知識の量がだんだんと増えてきます。

知識の量が増えれば、本を読むスピードは、自然に速くなっていきます。

そこまでいけば、今までの半分の時間で、月に4~5冊読めるようになります。

格差社会に置いていかれないためにも、大切な習慣だと心得て下さい。

section 13

まずは、興味を持ったものから読み始めればいい

普段とは違うジャンルの本にトライしてみる

読書を教養に変えるためには、本をたくさん読むことが大切です。**特に、読むジャンルにはこだわらなくて構いません。**自分が興味を持ったものから、読み始めればいいのです。

すでに読書習慣のある人ならば、少し違うジャンルの本を読んでみることをおすすめします。普段はビジネス書がメインで、名著や古典の一部は読んだことがあるという人の場合は、読んだことのない古典や小説などを読んでみるといいでしょう。

小説を普段から読む人ならば、ビジネス書に挑戦するのもいいでしょう。

全く違うジャンルなので、また違った感覚になったり、刺激を受けるかもしれませ

ん。あるいは古典や科学のジャンルでもいいかもしれません。

歴史が好きな人も多いので、歴史本を読む人も多いでしょう。

そういう人は、哲学書などを読んでみてはどうでしょうか？　歴史に興味があるのならば、紀元前の時代から受け継がれてきた哲学などに興味を持つ可能性もあります。

読書習慣のある人ならば、違ったジャンルの本を読んでみることで知識が豊富になり、教養がさらに広がります。

逆に、あまり読書習慣のない人は、何からスタートすればいいのでしょうか？

私はまず、**「興味を持ったものから読み始めればいい」**と思っています。

書店で平積みされている本から読むのもあり

もし、あなたが人生に悩んでいるならば、哲学から入るといいでしょう。ある程度、ビジネスが軌道に乗っている人ならば、歴史を学ぶのもおすすめです。

これから成功したいと考えているなら、古典を読むといいでしょう。仕事のスキルを高めたいなら、ビジネス書が手っ取り早いですし、教養を深めたければ、科学の本を読むといいかもしれません。

このように、**状況によって参考になる分野の本がありますが、これは絶対ではありません**。何から始めていいか分からない場合は、まず、本屋さんに出向いて、平積みしてある本を眺めてみることです。おそらく、今流行の本が目につくはずです。こうした本をまず読んでみることも、時代の流れをとらえる意味ではとても大切なことだといえます。

例えば小説のコーナーに行けば、村上春樹氏、村上龍氏、東野圭吾氏など、有名な作家の作品が並んでいるはずです。

そのような作品に興味があれば、そこから読書をスタートさせても問題ありません。魅力的なタイトルの本が、たくさんあります。

またビジネス書のコーナーに行けば、ビジネス書が平積みされています。そこでピンとくる内容があれば、それらの本を購入してみるのもひとつの手です。

心理学に興味があれば、それに関連した本などがいいでしょう。

最初からあまりお金を使いたくない場合は、**少し安い新書のコーナーや文庫のコーナー**などに行って、本を探してみるのもいいですね。

たくさん本の種類があるので、そこで気になった本を選べばいいでしょう。新書は、ビジネス書とは違った切り口の本があり、面白いです。文庫は、単行本の売れたものが文庫版として発売されている場合や、逆に、文庫にしかない本もあります。

なるべく本は購入して読みたいものですが、スタートは図書館で借りてもいいと思います。地域で提携している図書館などは、他の場所から自分の家の近くの図書館に本を取り寄せることもできます。近所の図書館に読みたい本がなくても、データベース上で探せばたくさんの本が見つかるのです。

本の選び方としては、

・最初は大型書店よりも中規模の書店に行く。
・好きなジャンルの売り場に行く。
・目に入ったタイトルの本を手に取る。
・「はじめに」などを読んでみる。

ここで、いいと思った本から、読み始めてみることをおすすめします。

興味を持ったときが本を読み始めるチャンス

ところで、もし仮にみなさんが何かを学ぼうとして、セミナーなどに通い出したとしたら、要注意です。セミナーに参加すること自体は悪いことではありませんが、参加したことで満足してしまい、結局、何の変化もしない人をたくさん見てきました。

セミナーによく参加する人は、ビジネス書好きな人が多いものです。仲間うちで、「ビジネス書で何かいい本がないか？」など、よく話題になります。

また勉強熱心の方が多いので、本を読む冊数などを競うこともあります。そうなると、速読か読書法のセミナーに通ったりするようになります。

ただし、社会人になってから読書もせずセミナーなどにも参加しないなど、全く勉強をしない人や、自分が働く会社以外の人がいる場所に出向いて、いろいろ学ぼうとしない人もいます。

そのような人に比べたら、素晴らしいことではあります。

ここで言いたいのは、**まわりに合わせず、自分が読みたいと思った本から読み始めればいいということです。**

興味を持ったときが、一番集中して理解力も高まり、速く読めますから。

section 14

「腑に落ちる」まで、何度も読み返す

本を読んだ冊数が大切なのではない

本は本来、何度も読んで内容を味わうものだと私は思っています。もしくは、何度も読んで、内容を理解するものだともいえるでしょう。

私も、あるときから急に本を読むようになったので、最初は読んだ本の冊数を競うあまり、2回読むという発想はありませんでした。とにかく、本をたくさん読むことに必死でした。100冊、200冊、300冊と、読んだ本の数が勝負だったのです。

これは、人に自慢するためというか、見栄であったかもしれません。一時ほどのブームは去りましたが、今でも、読書セミナーや自己啓発セミナーなどに参加したりすると、「本をたくさん読む人がすごい」といった風潮がありました。

なので、たくさん本を読む人ほど人の注目を浴び、気持ちよく感じたのかもしれません。

しかしこれは見栄の世界で、**読書は本の内容を覚えている、実際に行動に起こしている、継続して結果を出している、ということが大切なのです。**

このようなことがあるため、「自己啓発セミナーに参加しても、成功できない！」と言われているのかもしれません。セミナージプシーなどとも言われています。

私などは、ちょうど6～7年くらい前（起業する前のころ）ですが、自己啓発セミナーに通っていたとき、このような傾向にありました。今思うと、大反省です。

しかし私の場合、起業する前後くらいに年間300冊読んでいた読書と、今の年間300冊読む読書では、全く質が変わりました。

みなさんは、本を読む冊数だけにとらわれないようにしていただきたいものです。

そもそも、ビジネス書ではなく、古典、名著、哲学書、歴史書などを読むようになれば、冊数を競うことがいかに愚かなことか分かるようになってきます。

この本のテーマと似ていますが、「教養」に関する本を読むと、ビジネス書よりも、古典、名著、哲学書、歴史書が大切なことが分かります。それらの本を読んでいくうちに、私はだんだんビジネス書から、少しずつそれ以外の本へシフトしていくことができるようになりました。

同じ本を何度も読み返すことも大切

以前、私はセミナージプシーで、ビジネス書の冊数を競っていたのですが、あるとき、非常に心に染みた本が出てきたため、もう一度味わいたいと思い、2回目を読んでみたのです。そうしたら、どんどん理解が進むではありませんか。これはすごいと思い、さらに3回目を読みました。そうしたら、さらに頭に入ってきます。その後、4回目、5回目と読むことになり、同じ本を読む回数が増えるにつれて、どんどんその本の本当の意味の理解が深まりました。今まで理解できなかったこと、腑に落ちなかったことが、解決できたのです。

これは、何とも言えない感覚です。おそらく、これが自分の中で、**「腑に落ちた」**という感覚だったのでしょう。

中古市場に本が流れる早さを見ていると、本を1回だけ読んで終わりにしている人が多いように思います。これは、とてももったいないことなのです。

読書は自分の腑に落ちたときに身につく

腑に落ちるとは、**「納得がいく」「合点がいく」**という意味で、**「腹にすとんと落ちる」**という表現がぴったりだという人もいます。

この「腑に落ちる」という言葉がぴったりくるジャンルは、やはり古典や哲学でしょう。これらは、読み慣れていないと、1回で理解するのは、かなり難しいと思います。私は、2回目でも、まだ深く理解できないときもあります。

正直、何回目で腑に落ちるかは、人によるかもしれませんが、腑に落ちていないと、考え方が身についたとは言えないでしょう。

ちなみにみなさんが、読書をしてもなかなか成果が上がらないのは、

・選んだ本が悪い。
・読んだだけになっている。
・内容を覚えていない。
・行動していない。

など、いろいろな要素があります。

やはり自分の中で、腑に落ちた感覚がないからいけないのでしょう。

腑に落ちた感覚があれば頭で理解できていますし、体の中まで染み込んできている感じになります。なので内容は覚えていますし、本で読んだ内容を、自然に実践できているのではないでしょうか。

全員が腑に落ちるまで読めば、誰もが本を読んで成果を出せているはずです。しかし実際にはそうでない人が多いのが実状といえるでしょう。

『リーダーの本棚』（日本経済新聞出版社）の中で、ニチレイ会長（現相談役）の浦《う ら》野《の》光《みつ》人《ど》氏が、倉庫改革をしたときのことを、このように述べています。
「日本の曹洞宗の開祖、道元の言葉を弟子の懐奘《えじょう》が記録した『正法眼蔵随聞記』を読み進むと、こんな意味のくだりがありました。『最善なものがでてきてもその先にもっといいものがあり、現状に満足してはいけない』『さらにもう一歩勇気を振り絞ってさらに生きるか、死ぬかまで挑戦しよう』」

私はこの言葉によって、とても強い気持ちになれました。これこそが、まさに「腑に落ちる」まで自問自答を繰り返す姿なのです。

やはり、**読書において内容が自分の腑に落ちるためには、何度も繰り返して読むしかありません。**
この感覚を、ぜひみなさんにも持ってほしいと思います。繰り返し、繰り返し、読書をして自分の腑に落とすことができれば、きっと、みなさんの身になるのは間違いないでしょう。

section 15

学んだ知識を実際に行動に移してみる

ただ読んだだけでは何の効果も出ない

みなさんは本を読んだ後、その内容を実際に行動に移しているでしょうか？

おそらくほとんどの人は、本を読んで終わりになっていることでしょう。本を読みものとしてとらえている人が非常に多く、読んだらそれだけで満足してしまっているように私は感じています。

本を読んで一番大切なことは、得た知識を行動に移してみることです。

上司に指摘されたとき、お客さまから指摘されたとき、先生からアドバイスを受けたとき、セミナーに参加したとき、自分の尊敬する人の話を聴いたとき、本から内容を学んだときなど、いろいろな場面があります。それを、話を聴いただけ、本を読んで学んだだけで終わらせてしまっては、何の成果も出ません。

読書のＰＤＣＡを実践する

ＰＤＣＡサイクルという言葉をご存知でしょうか？

PDCAサイクルとは、業務プロセスの管理手法のひとつで、**計画（PLAN）↓実行（DO）↓評価（CHECK）↓改善（ACT）**という４段階の行動を繰り返すことで、継続的にプロセスを改善していく手法です。

これは、ビジネスの場面でよく使われる言葉ですが、これを読書から学んだことに当てはめてもいいと思います。

ＰＤＣＡサイクルが、よく分からない人のために、例を用いて説明します。

私がメインの仕事としている企業研修などは、必ずといっていいほど、このＰＤＣＡサイクルを使って、仕事のレベルを上げていきます。

私のような研修講師は、まず、研修をどのように行ったら成果が出るかを考え、講座の内容を計画します。

これが、計画（PLAN）です。

そして実際に、企業の現場で研修を行います。

上手く行くこともあれば、どこか工夫した方がいいことが出てきたりもします。

あとは、自分では分からないことを第三者の目で確認してもらいます。企業研修の場合はたいてい、私と企業の間に入る研修会社の営業担当者が後ろで見ています。

これが、実行（DO）です。

次に、自分で気がついたことや、第三者の目で見てもらったことをフィードバックしてもらい、チェックをします。

アンケートに関しては、とらえ方はさまざまですが、その内容も確認します。

これが、評価（CHECK）です。

ここまで済んだら、次回の研修に向けて、自分ができていなかったこと、上手くいかなかったこと、修正した方がもっとよくなることを、改善していきます。同じ会社の同じ研修の場合は、リピートがかかると、次の機会は1年後などになります。部署を変えて行う場合は、次の部署に向けて改善することになります。

これが、改善（ACT）です。

このようなPDCAサイクルを繰り返すことで、自身のスキルレベルをどんどん上げていくのです。

まずは読んだ本から何を行動するかを考える

これを読書に応用してみましょう。

読書のPDCAを回していくと、どうなるか？　を、私が経験した具体例を挙げて説明します。

本は、哲学、古典、歴史など何でもよいのですが、一番当てはめやすいのがビジネス書なので、ビジネス書を事例にして読書のPDCAを説明していきます。

私ははじめ、大谷由里子氏の『はじめて講師を頼まれたら読む本』（KADOKAWA／中経出版）を読んで勉強しました。

なにせ、自分は講師の経験がほとんどないのに、「プロ講師になろう！」と決めていたため、参考になる本を探すのに必死でした。

まず、**計画（PLAN）**の部分ですが、本の中から最初に、何を実行したいかを決めます。これを、私は、「行動目標」と呼んでいます。

このとき、本に書かれている「どこを見て話していいかわからない場合は、一生懸命聞いている〝うなずきくん〟を探す」ということを、実行しようと思いました。

次に、**実行（DO）**の部分で、実際に行動に移しました。数回のセミナーの経験を積んだところで、ある高校生向けに、講演する機会がありました。そこで、試してみたのです。数十人のセミナーでは、たいてい、うなずく人がどこかにいます。

そして、**評価（CHECK）**です。自分では、講演は上手くいったつもりでしたが、間に入っていた、講演の仕事をもらった会社の営業担当者から、かなりきついフィードバックをもらいました。

熱心な人は前列にいる傾向が強く、この前列に向けてだけ私は話していたのです。これでは後ろの方に座っている人が退屈してしまうので、今後はやめてほしいという内容のものでした。

最後に、**改善（ACT）**です。この会社とは仕事をする機会はなくなってしまいましたが、次のセミナーや講演に向けて準備ができました。

「うなずきくんは、前に多い傾向があるが、決して前の方の人だけ見て話してはならない」ということを、身をもって体験することができました。

このように読書のPDCAを回していくと、実際のビジネスに生かすことができるのです。

つまり、まずは読んだ本から何を実行するかを決めることです。この行動目標を決め、実際に行動に移すことで、物事の成果が出るのです。

第3章 *chapter 3*

ネットと読書の上手な活用法

section 16

確かにネットは便利。だからこそ読書との使い分けが今求められる

ネットやSNSで情報を得るのも大切

今の時代、インターネット（以下ネット）なしでは、生活が成り立たなくなってきました。

20年くらい前にウインドウズが登場し、ワープロからパソコンへと進化しましたが、それももう過去の話です。15年ほど前から、家庭でもネットにつなぐことが可能となり、気軽にネットサーフィンができるようになりました。

数年前までは、自分が情報を発信するとしたら、ブログが普通でした。しかし今では、**自ら情報を発信する手段としては、フェイスブックやツイッターなどのSNSが主流になっています。**

起業する前の私は、ＳＮＳは苦手でした。まわりのＳＮＳを使いこなす人から、「これから独立していくなら、ＳＮＳくらい使いこなさないと！」と言われ、悔しくて始めた経緯があります。実は、負けず嫌いなのです！

私の場合はツイッターからスタートし、フォロワーを一万人にした後、フェイスブックに移りました。今でも、自分のブランディングのために、フェイスブックを活用しています。

フェイスブックも個人ページと仕事用ページの２つを使い分け、ブログ、メルマガと、あらゆるＳＮＳを駆使している状況です。

これも、試行錯誤しながら、「フェイスブックの活用」「アメブロの活用」のような本を買っては読み、少しずつ作り上げていったものです。

最初は初心者向けの本から読み、でき上がったら、応用の本に移ります。ビジネス書というよりは、解説書みたいなものも役に立つのです。

もちろん、他の人のメルマガを購読し、フェイスブックのタイムラインも毎日のように見ています。これだけでも、有益な情報は入ってきます。

これは、次にその人にリアルでお会いしたときに、話がしやすくなるメリットがあります。使わなければ損だとも思っています。

成功者は、何らかの形で情報発信をしていますから、成功するため、知的格差から逃れるためには、少なくともどちらかの方法で情報を得るしかありません。

ネットと本の情報を上手に使い分ける

もはやスマホを含め、ネットは日常生活に必要不可欠なものとなりました。スマホが1台あれば、ネット上にあるホームページを閲覧できたり、ネットショップでの商品の購入が簡単にできるのです。

本を買うときでも、おすすめ商品が分からなければ、ネット書店などに書かれているレビューを見て確認することができます。

自分が買いたい商品を発売しているメーカーのホームページに行けば、新商品の情報も掲載されていますし、カタログがなくてもネット上で確認することもできます。

そんな時代だからこそ、読書との使い分けをしてほしいのです。今の時代に流されて、便利だからと何も考えずにネットを利用しているだけの人と、ネットも使うが本も読み、きちんと情報を使い分け、自分の考えを持って日々過ごしている人とでは、どんどん知的格差が開くばかりです。

私がSNSを使いこなしていることは、お伝えしました。それだけにとどまらず、本、すなわち読書も同じように活用しているのです。

あれだけ、ネットを活用しているのに、なぜ？　と思うかもしれません。**ネットが便利になったから、「本は必要ない！」と言う人もいますが、私は絶対に違うと思っています。ネットと本は全く別物なのです。**

まわりを見渡してください。ネットも本も、どちらも活用せずに、活躍している人はいるでしょうか？　おそらくいないはずです。

では、ネットだけ活用して、本は読まず、活躍している人はいるでしょうか？　それも、極めて少ないはずです。正直、読書をせずにネットだけで稼いでいる人もいなくはありませんが、やはり、成功者は本も読むのです。どちらかというと、ネットの記事は読まないという人の方が多いかもしれません。

本と、ネットの情報は、同じようで違うのです。


今のような時代だからこそ、逆に本の値打ちが上がったような気がします。**本は売れず、読書離れが加速しており、ほとんどの人が本を読まない時代だからこそ、みなさんにとってはチャンスなのです。**


人と違うことをやることに、意味があるのです。常に私は、世の中の人がやることと、逆のことをやってきました。

当然、まわりから反対されます。普通ではないですから。

しかしこれも不思議なのですが、**自分の付き合う人が変わると、今まで反対されていたことに同調されて、応援されるようになってくるのです。**

やっていることは同じなのに。なので、反対されたら正しいと思うくらいでとらえてください。これが、格差社会を生き抜くためのひとつの方法だとも言えます。

本は、ネットのように、どこの誰が書いたのか分からないということがありません。

ネットでは、「どういう意見があるのか？」「どういう考え方をすればいいのか？」という点は、ほとんど書かれておらず、事実情報を取ることだけしかできません。

これからの時代は、「常に自分の意見を持つ！」ということが、とても大切になってくるのです。

普段から、自分で物事を考え、いろいろな角度から批判的に評価（クリティカルシンキング）をしてみたり、自分独自の意見を持つことが大切なのです。

自ら物事を考え、主体的に動く人間が必要になってきたのです。

この能力を鍛えるには、読書しかありません。必要な情報は、信頼できる本で調べ、自分で意見を考え、それを活用することが大切で、それはネットではできないのです。

本は、自分から本を探しに本屋さんに購入しに行くという、能動的な動作をしなければ、手に入れることができません。

格差社会で生き抜いていく秘訣は、ネットだけで完結させないことです。

section 17

ネットだけに頼るのは危険。情報の正確さを見極める

ネットの情報はそのまま信じてはいけない

ネットは今や、みなさんにとってなくてはならないものになっています。

パソコンから、スマホから、ネットにつなぎ、企業のホームページやネットニュース、掲示板などの書き込みを閲覧していることでしょう。ネットにつなげば、何でも情報を得ることができます。

お店で売っている商品の情報でも、カタログを取り寄せるより、ネットでホームページを閲覧したり、購入した人のレビューを確認した方がはるかに早いです。

多くのネットショッピングのページにはレビューが非常にたくさんあり、製品を購入する手助けになっていることは事実です。

ブログなどにも、これらのレビューを書いている人もいます。これらの情報は、主だった検索エンジンを使って検索すれば、たくさん出てきます。たくさんありすぎて、どれが正しいか迷ってしまうこともあります。

しかし便利だからこそ、**きちんと情報源の正確さを見極めること。検索して出てきた情報をそのまま鵜呑《うの》みにすることは極めて危険です。**

元々、人間が本来持っていた、正確な情報を見極める能力が、ネットの発達によってレベルが下がってしまったというのが正直なところでしょう。

私は、仕事柄いろいろな人と話す機会があります。それぞれの専門家の方なので、情報としてはかなり正確なはずです。

しかし私は、疑り深いのか好奇心旺盛な性格からなのか、さらに内容を追求するため、実際に正しいかどうか確認するべく、後から本で調べたり、自分でネットで検索して調べたりします。

そこで調べていて気付くのが、あまりにもいい加減な情報がネット上にはたくさんあるということです。専門家の人が言っていた意見と全然違う内容であったり、その人自身が勝手に解釈した内容であったりします。
私の場合、ネット上に書かれている情報は、たいてい疑います。**情報源も確認します。その人が、本当のユーザーなのか専門家などなのかもそうですが、ブログであればプロフィールを確認したりします。**プロフィールがきちんと書かれていなかったり、顔写真がない人は、基本的に信用しません。

また、これは仕事とは関係ない話なのですが、私の子供（双子の男女）を中学受験させることにしたときも、ネットでいろいろと調べました。本当に、いろいろな書き込みがありましたが、驚いたのは、その学校に通っている人でない人が、たくさんの意見や答えを書き込みしていることです。これには、びっくりしました。

一番正確なのは、行きたい中学校の学校説明会や学校見学会に行き、実際に自分の目で確認することです。子供の先輩で、中学受験をした経験のある人の親御さんに聞くと、実際にいろいろな中学校を調べて受験した経験があるので、より正確です。一番正確なのは、実際に、その学校に通っている人の親御さんに聞くことだと言えるでしょう。

これが、本来の情報の取り方であるはずです。

情報が正しいかどうか見極めるクセをつける

フリーライターの中川淳一郎氏は著書『ウェブはバカと暇人のもの』（光文社）の中で、このように述べています。

『ネット用語のひとつに、「ググれカス」という言葉がある。これは、グーグルで調べればすぐわかるようなことを、わざわざ「○○について教えてください！」などと聞いてくる人に対して容赦なく浴びせかけられる、「グーグルで検索しろ、このカスめ！」を意味するキッ〜イ言葉です』

この「ググれカス」ということばを浴びせかけられるほど低レベルな質問をする人々、そして、そんな彼らに親切に教えてあげる人々。彼らのやり取りを見ていると、私はとても悲しい気持ちになってしまいます。

このように、情報の正確さを見極めようとする人が少なくなってしまったのが、ネットが発達した弊害なのかもしれません。

ネットは、匿名の情報がよくありません。

有名なサイトなどのレビューは、たいてい匿名です。どこの誰が書き込みをした情報なのかが、分かりません。

飲食店などを紹介しているサイトなども同じです。

実際に正しい情報でなくても、その人たちは匿名なので、責任がありません。

また、ネット上にはウィキペディアというものがあります。

これは、ユーザーのみんなの手によって作成・推敲《すいこう》されているフリー百科事典です。何かを検索すると、必ず上位の方に表示されます。ですので、みなさんも見たことがあるでしょう。

ですが、これなども、本当に正しいかどうかは分かりません。

私の見る限りでは、参考になることが多いのですが、そこに書かれている情報も、本人に確認しないと分からないことも多いのではないでしょうか。テレビなどで、芸能人が発言すると、すぐに内容が書き換えられています。内容がすぐにバージョンアップされるのは素晴らしいですが、テレビの情報が必ずしも正しいとは限りません。

このようなことから、ネット上にある情報というのは、誰もが気軽に無料で閲覧でき、非常に便利なものです。これだけネットが発達した今、ネットで調べてみるというのは、誰もが考える方法でもあるのは確かです。

当然、**正しい情報もたくさんあるのですが、すべてを鵜呑みにしてはいけないということを覚えておいて下さい。**

常に、その情報が正しいかどうかを疑ってみることも必要なのです。

その情報が正しいかどうか、見極めるクセをつけることは、この情報化社会を生き延びるための、ひとつの手段になるのではないでしょうか。

section 18

ネットからしか得られない情報もあるのは事実

情報発信者のことも調べて判断する

ネットに頼ることは危険で、情報の正確さを見極める必要はありますが、逆にネットからしか得られない情報もあるのは事実です。

例えば、企業のホームページにあるコラムなどは、ネットでしか公表していないことが多いです。

生活総合情報サイトというのも、ネットでしか得られない情報だといえます。このサイト以外にも、その道のプロである専門家を集めて業界の動向やノウハウを伝えているサイトは、数多くあります。これらも本で調べるよりも情報が新しく、参考になる意見や情報はたくさんあります。

プロの意見を参考にすることは、講師のネタとして使えることが多いです。誰でもそうですが、自分の気になる記事はよく閲覧しています。

これらの記事を書いている人は、有名な人が多く、本の著者であることも多いので、ネット上で調べて、本も購入して読んだりもしています。

その人のホームページも確認し、何の専門家で、どんなビジネスをしている人なのかも確認します。

そうすることで、さらに、その人自身を知るきっかけにもなり、情報の精度が上がると考えています。

自分が発信する情報は常に正しく新しくする

実際、私も本を書くようになり、ときどき新聞や雑誌に記事を書いています。全国いろいろなところでセミナーや講演をしているので、私のホームページもだいぶアクセスが増えました。

おそらく私に興味を持ってくれた人が、どんなことを仕事にしているのか？　と気になって、調べているのでしょう。フルネームでの検索が、非常に多いです。

ビジネスを一緒にやることになった人、私に仕事の依頼をしようとしている会社の社長や担当者は、必ず、私のホームページを見ています。特に、プロフィール欄は、必ずチェックしているようです。

私の会社のホームページは、ホームページから仕事を取るという目的もありますが、これから一緒に仕事をしていく人が、私を調べる場所でもあると思っています。

ですので、プロフィール内容は、常に新しい情報に書き換えています。講演や研修実績なども、全部は記入することはできないのですが、実績が変わる度に書き換えるようにしています。

逆に私も、相手のことを調べるツールとして、その人のホームページを閲覧しています。

セミナーや人の紹介で出会い、名刺交換をして気になった人や、これから仕事を一緒にしていく人などは、必ず相手の会社のホームページを確認します。代表者のプロフィールも絶対に確認します。

これらの情報も、ネットから情報を取るのが、一番確実で早いです。

ホームページを見る人も、見られる人も、どちらも、ネットからしか取れない情報を見ているので、きちんとしたものを作っておくことは、ビジネスをするうえでは、最低限必要だと感じさせられます。

また、ネットにしかない情報としては、ブログ記事が挙げられます。

ほとんどの人のブログは、日記のような感じになっており、実際に知っている相手でないと興味を持ちにくいのですが、中には有名ブログ、人気ブログと呼ばれる非常にアクセスが多く、大勢の人が興味を持つブログがあります。

そのような方の記事を読んでいると、その人ならではの考え方や、その人の専門性を生かした内容も多く、勉強になることも多いです。

本の内容というのは、発売から時間が経つと、少し情報が古くなってしまうことは否めません。

発売直後でも、若干、情報が古いこともあります。本の原稿は、出版される数か月前に揃っており、著者が記事を書いていたころはそれよりも更に前になるため、少し古い情報になってしまうことも考えられるからです。

しかし、人気ブログはリアルタイムで更新されるため、すぐに新しい情報を仕入れることができます。非常に内容が参考になるブログは、たいてい毎日更新されていることが多いのも事実です。

ネット情報の最大のメリットは、即時性

代表的なポータルサイトでは、常にニュースやスポーツ、経済の動向を見ることができます。

以前、テレビで放送されていましたが、あるサイトのトップページだけでも、かなりの人が情報の更新に関わっているようです。

新聞は、次の日にならないと読めませんが、ネットのニュースを見れば、すぐに情報を確認することができます。

次の日の新聞を読む前に、情報を仕入れることができるのです。

情報を仕入れるだけのときは、とても便利です。仕事での雑談やつかみネタを用意するには、スマホで簡単に見ることができ、大変重宝しています。

ですが、**ここに載っているのは、事実情報だけで、それをどう解釈するのかは、人それぞれです。**次の日の新聞を見てみると、いろいろな角度から情報がとらえられています。新聞には、情報をどのようにとらえるかという、記事を書いた人の観点が含まれています。情報をどのような角度でとらえ、それをどのように考えるかという思考を働かせるには、ネットニュースだけでは物足りなくなるかもしれません。

ですが、時間のないときや、早く情報をつかみたいときには、非常に便利なツールであることは間違いありません。

これらのように、ネットに頼らないと情報を仕入れることができないものがたくさんあるのも事実です。

中には信用できない情報もあるかもしれませんが、この項目で書いてきたことを参考にして、ネットの情報を上手に活用してほしいものです。

section 19

興味を持ったことは、ネットでなく本で知識にする習慣をつける

ネットの情報はすぐに忘れてしまう傾向にある

興味を持ったことは、本で調べるよりも、パソコンやスマートフォンで調べている方が多いのではないでしょうか。

「本を活用しましょう！」と言っている私でも、外にいればスマホで、仕事をしていればパソコンで、ネットに接続して調べてしまいます。

特にスマホは、パソコンのように起動する時間を待っている必要がなく、いつも持ち歩いているので、すぐに取り出せます。

スマホは、ネットだけではなく、写真が手軽に撮影できて人にすぐ写真を送れたり、ボイスメモで録音できたり、音楽プレーヤーになったり、スケジュールが管理できた

りで、もはやある部分ではパソコンの域を超えています。

これだけできれば、他の家電が必要なくなってしまうのも分かります。

家電好きの私としては、悲しいですが……。

しかし、**すぐに検索して調べることができるため、逆に頭に残らなくなってしまっているのも事実です。**

このあたりが、現代人の脳を退化させてしまっている原因のような気がします。

カーナビやスマホがあるので、紙の地図はほとんど必要ありません。分からないことがあったら、ネットの辞書で調べ、メモしなくても、いつでもスマホで検索できるので、わざわざ紙に残す必要もありません。授業やセミナーで板書された内容も、スマホのカメラで撮影すればいいのです。


ネットのない時代であれば、本屋さんに出向いて購入するか、図書館などに行き、関連する本を探して調べるのが普通でした。

それでも見つからなければ、大型の本屋さんに出向いて本を購入するなどしていたはずです。

どちらにしても、情報源というのは、本だったのですね。

しかし本来は、興味を持ったことは、そのあと知識に残っていないといけません。

ただネットで簡単に調べただけでは、ほとんど忘れてしまうからです。

せっかく興味を持ったことなのに、忘れてしまってはもったいないですよね。

本で調べなければ最終的に自分の知識にならない

なぜ、本で調べるといいのかというと、脳と記憶の話になってきますが、**自分の調べていることに辿り着くまでに、苦労すればするほど頭に残りやすくなるという性質が人間にはあります。**

簡単に調べられてしまうものほど、すぐ忘れてしまうのです。

このあたりは、「脳科学の本」「記憶の本」などから、脳の原理を学びました。本から原理を学ぶことで、「どうのように脳を活用すると、日々幸せな生活ができるようになるか？」ということも、理解できました。脳の原理だけでなく、生き方まで変わってくるのは、やはり本のチカラなのです。

みなさんも、こんな経験はないでしょうか？

どこかに旅行に行ったとき、あまりにもビデオやカメラでの撮影に夢中になりすぎると、本来の風景や建物についてはほとんど集中して見ていないので、思ったほど感動もしていないし、旅のよさを味わうこともできなかったりします。

あとで写真を見れば何となく分かるのですが、実際に自分の肌で感じ、感情が動いていないため、思い出せないのです。

「脳科学」の本には、感情を動かすことが大切で、人生を充実させたり、記憶を強化することが書かれているのです。

もし、風景は見たけれど、簡単に車や電車で通り過ぎただけであれば、ほとんど覚えていないはずです。何も肌で感じることができていませんから。

スマホで調べるのと、本で調べるのとの違いは、これと同じなのです。

ただ、スマホで調べて、知識が脳を通り過ぎただけのような状態になっているのです。

この本のテーマであるように、本を読まないと、格差社会に飲み込まれ、時代について行けなくなってしまうのですが、なぜ時代についていて行けなくなってしまうかというと、自分の知識になっていないからなのです。

知識になっていなければ、使うことができません。

すなわち自分で考えることもできないのです。

簡単に覚えたものや見たものは忘れやすい

私が尊敬し、年間300日以上全国で講演する講演家が何人かいますが、その人たちは、必ず本から得た知識と自分の経験を交えながら話をしています。ネットで見ただけというような薄い情報は、絶対に話しません。本から知識にする習慣が、身についているのです。

人と話す営業などの仕事や、社会保険労務士や中小企業診断士などの士業の人たち、会社の社長さんなども、人前で話したりお客さまとしゃべる機会が多いはずです。このような人たちは特に、ネットで簡単に済ませない、本から得られる知識を持っていることが、やはり必要なのではないでしょうか。

簡単に覚えたもの、簡単に見たものは、忘れやすいのです。簡単であれば、簡単であるほどです。

すぐに知りたい情報を調べる程度でなら、ネットの検索で十分でしょう。さらに知りたくなれば、ネットでもいろんな検索用語を入れて、調べられます。

しかし、そこで終わってしまうのではなく、ぜひ、その興味があったことに合った本を探してください。

本を読んで、何度も読み返して、経験して味わうことによって知識になるのです。本も図書館か本屋さんに出向いて、直接確認するほうが、ネット書店でタイトルや他人のレビューを見て購入するより、確実に知識になる確率が高いです。

みなさんが、格差社会に生き残るために、人に差をつけたいのなら、ぜひ、ネットだけではなく、本で知識にする習慣を身につけて下さい。

section 20

ビジネス書は、ネットのように気軽に情報を得るツールとして考える

本選びも人生も、失敗から得るものが多い

ビジネス書は、もっと気軽に読んでいいツールだと、私は考えています。

小説や古典、歴史本のように、きちんと最初から最後まで読まなくても、自分の知りたいことがハッキリとわかっていれば、知りたいポイントだけを読んでも内容が把握できるものです。

もちろん、本は最初から最後まで読んでいくと、いろいろと話の内容が分かってくることは多々あります。本にもよりますが、速読や飛ばし読みをせずに、普通に最初から最後まで読んだ方が、自分の身になることは多いでしょう。

速読の議論は他の章に譲るとして、ここではビジネス書をもっと気軽なものとしてとらえてほしいということです。

「人生と同じように、本選びにも失敗したくない！」と考えている人がとても多いような気がしています。

本選びなどは、読書家ほど、間違えるものです。たくさん間違えるから、よい本に出会えるのです。

人生も同じで、失敗しないようにしようとしているから、上手くいかないのです。

成功者ほど、失敗しているのです。

本の内容は、成功した部分ばかりフォーカスされているので、ほとんどの人が失敗をしていないように見えてしまうのです。

もっと気軽に人生を生きれば、本選びも楽になります。

「勝手なことを言うな！」と言われるかもしれませんが、本当にそうです。みなさん、人生の選択が、狭すぎるのです。

「本と人生に何の関係があるのか？」と思われるかもしれません。

ですが、本というのは、人生を変えることもあるくらいのものなのです。

その本とどう向き合うかによって、人生が変わってくるのです。

どうしても本選びには、自分の人生観、人生のクセが出てしまうものなのです。

逆に言えば、自分とどう向き合うかによって、本とどう向き合うかが変わってくるということです。

人生にも壁やスランプがあって、完璧にいかないのと同じように、本選びも百発百中ということはありません。遊びの部分を残しておいて下さい。

ビジネス書は気軽に選んで、まず読んでみる

みなさん、何か疑問に思うことが出てくると、日常的にネットやスマホなどで調べたりしますよね。

ですが、おそらく検索したものを、最初から最後まで、上から順番に一つひとつ見ていくことはしないと思います。

検索されて表示されたものの中から、自分が探しているのと近いタイトルや説明文が表示されているものをクリックするはずです。だいたい最初の画面だけで終わるパ

ターンが多いのですが、内容や人によっては、どんどんスクロールして調べることもあるかもしれません。

ネットで検索される順番が上位の方が、閲覧してもらえる確率が上がるのです。これと同じように、本も売れている方が、人に見てもらえる確率が上がります。なぜなら、本は売れている方が、たくさんの部数が印刷され、いろんな本屋さんに出回ります。たくさんの小中型書店にも出回り、大型書店では、大きく展開されたりするのです。売れれば売れるほど、本そのものの露出が高くなります。

自分が調べたいことがあれば、本屋さんに出向いて、自分が考えているテーマが書かれていそうな本を、平積みされている本の中から選んでみるといいでしょう。ネットで気軽に調べるように、そんな感覚で本を手に取ってほしいのです。

本、特にビジネス書は気軽に選んで、読んでみてほしいのです。

人生は本の選び方に影響される

先述のように「本を読む時間がない！」という人も多いですが、「ネットで調べる時間がない！」という人は、まずいないはずです。

それと同じように、本と関わってください。

もし、みなさんが「真剣に成功したい！」「独立起業したい」「人生を変えたい！」というような目標があるときは、本を最初から最後まで読んでみることをおすすめします。全部読むことによって、得られる情報も、また面白いからです。

どんな本がいいか分からないならば、本屋さんに行って、目についたものから気軽に手に取ってみて、自分と相性がよさそうだと思えば、購入して読んでみればいいのではないでしょうか。

なにも深く考えて、1回で自分に合う本を探さなくていいのです。

本屋さんは、ネットの世界と同じ感覚です。

本屋さんに行くと、売れている本や新しい本が、目につく所に置かれています。人気のある本というのは、みなさんのようなお客さまが決めているのです。長年読まれているロングセラー、売れているベストセラー、新しい本というのが、書店の目立つところに置いてあると思ってください。

ぜひとも、分からないことを気軽に調べる感覚で、ビジネス書を読んでみてほしいのです。**ネットのような気軽な気持ちで情報を得るツールと考えれば、それほど敷居の高いものではないはずです。**

本は人生を変えてしまうように、あなたの人生も本選びに影響します。

特に、ビジネス書とは、もっと気軽に、関わって下さい。

第4章 *chapter 4*

あなたにとっての「いい読書」「悪い読書」

section 21

速読にこだわるのは、百害あって一利なし

本は1ページ目から順番に最後まで読む

最近、私は、速読にこだわるのはやめるようになりました。

その理由は、楽しみながら本を読みたくなったからです。

ビジネス書などは、時間がないとき、全体を速く把握したいとき、ポイントだけ拾えればいい本だと判断しているときなどは、いろいろな速読のテクニックを使いますが、基本、最初から最後まで本の内容を読むようになりました。

仕事が忙しくなって、時間がなくなっているのに、そのようにしています。

そして、年間300冊も本を読んでいれば、自然と本を読むスピードは速くなります。当然といえば当然ですね。

私は普通に読んでいるだけで、かなり速いはずです。これも今まで数千冊以上の本を読み、速読、飛ばし読みなどをひと通り経験してきたからこそ、今の読み方に落ち着いたということもできます。

ライフネット生命の代表取締役会長である出口治明氏の『本の使い方　1万冊を血肉にした方法』では、このように書かれています。

「著者は、『1ページ目から順番に読んでほしい』と思って書いているはずです。だとしたら、読む方も、1ページ目から素直に読んでいくのが正しい読書の方法だと思うのです」

今、私が思っている考え方に近く、本当にその通りだと思いました。

他の著者も同じように思っているのです。

速読は本を読む習慣がある人が行うもの

数年前に大流行した米国式速読講座には、高額にもかかわらず、私は合計10回も通いました。内容は非常にすばらしいと思います。速読を極めるためにも、私は何回も通ったのです。

ですが、そこで、いろいろな参加者の人を見てきましたが、ほとんどの人は、速読法そのものに挫折するか、結局、その後は何も身についていないように感じました。

しかも、速読法が悪いのではなく、受講しに来ている人の受講する前提条件が悪いからだと思ったのです。

今私は、その速読講座をもっと簡単にし、自分なりの読み方を取り入れた、読書講座を開催しています。どちらかというと、目を速く動かして本を読む速読というよりは、読む目的を考えながら、必要なところを読む、飛ばし読みに近い形の読書講座になります。

その講座は、ビジネス書だけに限定しており、持参する本のページ数なども250ページ以下に指定したり、他にも前提条件を付けるため、あまり目的から外れた人は受講者として参加はされません。

米国式の速読法の受講者を見ていたり、自分で読書講座を開催して思うのは、**受講しに来る人が、他力本願であることが多いことです。**

本来速読法は、ある程度本を読む習慣のある人が、さらに本を速く読めるようになるために習得することで、成果が出せるようになるものです。使い方によっては、速読法を習うと、集中力がつき、視野が広がり、脳も鍛えられることは私にもわかります。

受講される方の目的を聞いてビックリするのですが、速読を習うと、

・毎日届く400通のメールが一瞬にして読めるようになり、仕事を楽にしたい。
・難関試験に合格したい。
・本を読む時間がないので、速く読めるようになりたい。
・本を読むスピードが遅いので、速く読めるようになりたい。
・楽をして本を読みたい。
・本そのものに時間を使いたくない。

というような、他力本願の目的ばかりです。

一番びっくりしたことといえば、その米国式速読講座に、資格試験のテキストを持ってきている人がいたのには驚きました。そのようなテキストを持ってきただけで、速読講座そのものが台無しです。せっかく高いお金を払っているのに……。

本を読む目的を速読と考えるのは間違い

やはり安直に速読を目指すのではなく、本をたくさん読むことで知識の量が増え、自然に読むスピードが速くなる速読を目指すべきです。

次に、自分なりの読書法を確立するべきです。

そうなると、速読を習いに行くという選択をして、さらに読書力を上げる人と、わざわざ習う必要がないので、自分なりの読書法に落ち着いてくる人のどちらかになるはずです。

速読講座には、本を読む習慣を身につけてから参加してほしいです。

本来の本を読む目的は、本を読んで理解し、活用（行動）することのはずです。教養を身につけることが大切なのです。

決して、本を速く読むことが目的ではないのです。

私の友人には、速読教室を開いている人もいます。私が本を発売すると、すぐに私の本を購入してくれ、速読して感想を送ってくれるインストラクターもいます。

後日、お会いしたときに本の内容の話を聞くと、みなさんきちんと覚えています。

なので、速読を完全に否定している訳ではありません。

その違いは、本を読む習慣があり、本をすぐに購入し、すぐに読み始めるという心のあり方にあるのです。

ここで言いたいのは、**読書をするのに、速読にこだわる必要はない**ということです。

読書をして知識を増やし、教養を身につけることなのです。

もしくは、行動に移して経験値を増やすことなのです。

その目的を達成するために速読にこだわるのは、百害あって一利なしです。

section 22

二代目経営者には、創業者の本は合わない

創業者と二代目経営者は、根本的に役割が違う

本というものは、売れているから、今流行っているから、古典的な名著だから、有名な人が書いているから、という理由で選んでも、なかなか本人に合わないことが多いものです。

ビジネス書などは特にこの傾向が顕著で、その本に書いてある通りに実行しても成果が出なかったり、うまく行かないことの方が多かったりします。

これは私の経験だけではなく、他の読書家に聞いても同じことを言います。

私が研修や営業コンサルティングをさせてもらっているクライアントの社長さんは、二代目経営者の方が多いです。創業者と二代目経営者は、性格や気質も違いますが、

会社の運営の仕方も違っています。

会社の創業者は、少しでも多くの人に自分の会社を知ってもらうために、いろいろな人と人脈を作ったり、新しいお客さまを開拓したり、事業を拡大するための資金繰りに悩んだり、まだ知名度がない会社なので、社員の定着や採用に悩んだりというようなことが多いようです。

対して、二代目として会社を引き継いだ経営者は、ある程度会社の実績もあり、お客さまや銀行との付き合いも長いため、いかに会社を継続して利益を生み出すように運営するか、などに重点を置きながら経営を行うようです。

一般的な経営の本といえば、経営の神様と呼ばれるパナソニックの創業者である松下幸之助氏、京セラを創業し、ＪＡＬを立て直した稲盛和夫氏、実業家でユニクロの代表取締役である柳井正氏などが思い浮かぶと思います。

私もこの方たちの本を読みますが、二代目経営者の方もたいていは読んだことがあるようです。

ですが、みなさん、口を揃えて、あまり参考にならないと言います。

経営の本の著者は日本の実業家で、素晴らしい方ばかりなのですが、この方たちの本は、人としての根本的な考え方や経営の本質的なところであったり、創業から会社を大きくするための考え方などが多いのです。

逆に言えば、**前提である事例やケースが大企業のことが多く、中小企業には当てはめにくいこともあるようです。**

独立するのなら、自分の好きなことを仕事にするのもひとつ

ちなみに私は、独立起業を考えていたとき、本田健氏の『ユダヤ人大富豪の教え』(だいわ文庫)という本に出会いました。

そこには、「自分の大好きなことをやりなさい！」ということが書かれています。

私は起業するときに、自分の大好きなことを徹底的に考え抜きました。

その結果、独立するときは、転職などをしてキャリアに悩んできたので「キャリアカウンセラーの仕事をしよう！」と考えました。

もうひとつは、自分が読書から人生を変えたため、読書の素晴らしさを伝えたいという想いがあり、「読書法やノート術などの能力開発の講師をしよう！」と考えて、この2つの仕事から独立をスタートした経緯があります。

ただし、私の場合はこの方法がたまたまピッタリだったのですが、必ずしも、すべての人に当てはまることではないことに、後から気がつきました。

自分の好きなことではなく、自分が今まで経験したことを生かして仕事をする方がいい人、目の前にあることに集中して取り組んでいたら、自然に協力者が現れてその仕事で起業した人、他人に自分が考えていることとは別のことで才能を見出されて成功した人などさまざまなのです。

必ずしも、「自分の大好きなことをやりなさい！」というのが、すべての人に当てはまるわけではないようです。

自分で納得できるのがいい読書

もうひとつは、先述した『成功哲学』で有名なナポレオン・ヒルの『思考は現実化する』（きこ書房）です。著者のナポレオン・ヒルが、たくさんの成功者にインタビューし、成功する人に共通する考え方などをまとめた本です。この本は、読書好きで、独立起業したい人ならば、必ずといっていいほど読んでいる本です。

ここには、「自分が実現したいことを紙に書き、朝と寝る前に読む」であったり、「ありありと鮮明にイメージしたことが実現する」であったり、「目標に期限をつける」などといったことが書かれており、私はこれらのすべてを実際に試しました。

ですが、私の場合は全くといっていいほど、実現しませんでした。

この方法ではダメなので、私は試行錯誤していくうちに別の方法へと辿り着いたのですが、この『思考は現実化する』の通りにやったけれど、実現しなかったという人にたくさん会ってきました。

しかし逆に、中にはこの方法で成功した人もいるでしょう。私の分析では、おそらくこの成功法則は、性格的に全てを自分で決め、自分でどんどん突き進んでいくパワーを持った一部の創業者タイプにしか合わないということが分かりました。

このように、**世間に出ている法則は、万人に共通するものではないのです。**

みなさんは、「成功」だとか「お金が稼げる」だとか「起業」などといった言葉に、ついつられてしまいマネしようとするのですが、自分には何が合っているのかを見極めなければなりません。

その根本的なことを見極めずに読書をしても、無駄になってしまいます。

これでは、いい読書とはいえません。

自分で「なるほど〜」と、納得できる本を読むことが、いい読書なのです。

section 23

ブックメンターと呼ばれるほど、本には人生を変える力がある

ブックメンターとは何か

ブックメンターというと、あまり馴染みがないかもしれません。

人間のメンターの場合は、実際にいる人もいるかもしれません。メンターとは、人生の指導者、助言者という意味です。大企業などでは、チューターや指導員など呼び名は違いますが、仕事のうえでの悩みを聞いたり指導したりする、メンター的な役割をする人を置いていることがあります。

それぐらい、人生や仕事において、大切な役割を果たすものなのです。

ブックメンターとは、そのメンターが人間ではなく、「本」もしくは「著者」だということです。

あまりピンとこない人もいるかもしれませんが、成功している人に聞いてみると、みなさんブックメンターを持っています。本当に不思議なのですが、成功している人ほど、同じことを言います。

私の場合、メンターはずっと探していましたが、なかなか見つかりませんでした。相手にはメンターになってほしいとは頼んでいませんが、勝手に自分のメンター（師匠）だと思っている人は、2人くらいいます。

最近では、「メンターを持とう！」みたいなことを書いてある成功本が多いためか、成功者のもとには、見ず知らずの人から「メンターになって下さい！」と依頼が来るというのを聞いたことがあります。

「メンターの見つけ方」というような本もあるくらいで、「ダメ元でも、メールしてみよう！」というように、何かしらの具体的なアクションをするといいようなことが書いてあります。

有名人のある本には、「まず、目標とする人に近づきたかったら、お金を払って相手のお客さまになるのが鉄則で、そうでもしないのに、タダで何とかしてほしいというような人を相手にしている時間はない」というようなことが書いてありました。

最近、私のもとにも、そのような人が現れるようになってきました。しかし実際は、私のお客さまになってくれる人を優先せざるを得ません。その人たちは、何十万という高いお金を払ってまで、私から学びたいという気持ちで来てくれているからです。

私も、勝手に自分のメンター（師匠）と思っている人には、必ず、高いお金を払ってお客になっています。そのうえで、いろいろな相談に乗ってもらったりしています。メンター（師匠）が喜ぶことは何かを常に考え、自分のできる範囲でお返しをするようにしています。

ある意味、大人としての常識だと私は思っています。

このように、実在する人物だと、少しややこしいところもありますが、これがブックメンターでしたら、遠慮することはありません。何せ、相手は本ですからね。

しかし、**本だからといってバカにしてはいけません。本は人生をも変える力を持っているのですから。**

成功者の多くは、このブックメンターを持っているのです。

モデリングをしてみるのも重要

モデリングという言葉をご存知でしょうか。これは、何かしらの見本となる人（モデル）の動作や行動を見て、同じような動作や行動をすることを言います。

雑誌を見て、有名人のファッションなどをマネするのも、モデリングだと言えます。尊敬する上司を見習ってマネするのも、モデリングだと言えます。

「自分が成功者になりたければ、成功している人をマネしなさい！」という言葉を聞いたことがあると思いますが、これがまさしくモデリングです。

成功している人が身近にいなければ、本を参考に、モデリングすればいいのです。

身近に成功者がいなくても、本の世界ならば、成功している人は、非常に多くいます。本を読めば、その人の頭の中や脳ミソが分かるからです。

モデリングには、動作だけではなく、考え方なども含まれます。いろいろな本の力を借りて、モデリングを何度も行っていると、**「これだ！」という衝撃が走るぐらい、自分にとっての最高の本が現れてきます。**

私の尊敬する読書家などに話を聞くと、ブックメンターとしてとても多いのが、安岡正篤です。

第5章の古典の項目でも出てきますが、代表的な著書として、『【新装版】運命を創る――人間学講話』、『【新装版】論語の活学――人間学講話』（ともにプレジデント社）などがあります。

中村天風も多いように感じます。代表的な著書としては、『運命を拓く』（講談社）などがあります。

他には、V・E・フランクルの『夜と霧　新版』（みすず書房）、『論語』、『孟子』、『孫子』（いずれも岩波書店）などをブックメンターとしている人も非常に多くいます。

ブックメンターが人生を変えるキッカケを作る

私にとっての最高の本は、先述のように戸田智弘氏の『働く理由　99の名言に学ぶシゴト論。』です。

この本を読んだとき、「私の考え方は間違っていなかったんだ」「自分も一歩踏み出せば、いつか自分の考えに共感してくれる人が増えるかもしれない」と考えることができるようになり、人生が開けました。

成功している読書家は、みなブックメンターを持っています。

たとえそれが、過去の人物であったとしても、本を通してしか知ることができないことがあるのです。

そしてその本が、人生を変えてくれるきっかけを作ってくれるのです。

section 24

興味を持った本が難しければ、マンガ本から入ってもいい

大切なのは読書の習慣をつけること

私の今までの読書スタイルは、どちらかというと、名著と呼ばれる本はもちろん読みますが、そんなに深くは追求しませんでした。講座などで、受講生に読書方法について教えるときは、古典や名著などの難解な本は、なるべく読まないように指導していたこともあります。

なぜかというと、ページ数もたくさんあり本自体が分厚いだけでなく、内容も難しいので、本を読む習慣のない人が真っ先に手に取ると、読めなくて挫折してしまい、読書そのものをやめてしまう危険性を含んでいるからです。

とにかく読書習慣を身につけることを、一番重要視して欲しかったのです。

しかし私はここ最近では古典にはまっており、確かに読むのは難しいですが、人間の本質的な部分がだいぶ分かってきました。名著と呼ばれる本も新しい古典の部類に入り、これなども何度も読み返したりしています。

名著からは、今まで気づかなかった部分が、見えてきました。

やはり、**古くから読み継がれている名著は、さすがに奥が深いです。**

ぜひ、みなさんにも名著に挑戦してほしいと思います。

難しい本はまずマンガで理解するのもあり

そのためには、いい方法があります。

名著と呼ばれる本が難しいと思う人は、ぜひ**マンガ本から入ってほしいのです。**マンガ本は今、大ブームです。それだけ、本が売れない時代なのです。

しかしそのおかげで、名著と呼ばれるものが、マンガ本として発売されることによって、身近なものになったのは確かです。

スティーブン・コヴィーの「７つの習慣」などは、本を読んでもほとんど理解できなかったという人もたくさんいました。

それが、マンガ本として発売されているので、改めて、マンガ本を読んでみると、今まで気がつかなかったことが見つかるかもしれません。

名著と呼ばれる本を読みたいけれど、自分には難しいと感じた人は、まずはマンガ本から入ってみてください。

何も難しい本を読むことが読書ではない

現代で名著と呼ばれる本は、かなりの確率でマンガ本として発売されています。

例えば、

・まんがでわかる　ドラッカーのリーダーシップ論　藤屋伸二（著）　宝島社

・まんがでわかる　7つの習慣　フランクリン・コヴィー・ジャパン（監修）　宝島社

・まんがでわかる　D・カーネギーの「人を動かす」「道は開ける」　藤屋伸二（監修）　宝島社
・まんがで納得ナポレオン・ヒル　思考は現実化する　ナポレオン・ヒル財団アジア／太平洋本部（監修）　きこ書房
・マンガでやさしくわかるアドラー心理学　岩井俊憲（著）　日本能率協会マネジメントセンター
・マンガでやさしくわかるU理論　中土井　僚（著）　日本能率協会マネジメントセンター
・まんがでわかる　人生を変える80対20の法則　リチャード・コッチ（著）　CCCメディアハウス
・まんがで人生が変わる！　自助論：感動的に面白い世界的名著！　サミュエル・スマイルズ（著）　三笠書房
・まんがでわかる　論語　齋藤孝（著）　あさ出版

このような本が、マンガ本として参考になるでしょう。
まだまだありますが、まずはこのあたりがスタートとしておすすめです。

何も難解な本からスタートしなくてもいいのです。

まずは名著を購入してみて、自分にとって難しいかどうか判断すればよいのです。

その本が自分にとって難しければ、マンガ本から入ればいいのです。

名著に挑戦したのはいいけれど、全く読み進められず、積読《つんどく》になってしまって、どこかに置いたままになっている方がよくありません。

読書習慣のない人は、まずマンガ本が入ることをおすすめします。

特に名著と呼ばれる本ほどこの傾向は強いといえます。

マンガ本が好きではない、読書でないような気がするなど、自分に合わないような気がする方は、解説本なども発売されています。

たいてい、売れた名著や有名な著者の本などは、解説本が出ています。
・アップル創業者のスティーブ・ジョブズ
・パナソニックグループ創業者の松下幸之助氏

など、解説本がたくさん出ている著者の本も、また角度が違って面白いです。

自分の読書レベルで、読めない本を無理に読むのは、あまりいい読書だとはいえません。自分にとって、読める本を読むのが、いい読書なのです。

あまり背伸びをせず、気軽に読書を楽しんでいただきたいと、私は思っています。

自分が興味をもった本が難しいと感じたときには、マンガ本もありだということです。

読書は何も、難しい本を読めばいい訳でもありませんし、何冊読んだかを競うものでもありません。まずは読書をする習慣を身につけ、そのうえで自分が読んでみたいと思う本から読み始めればいいのです。

先述のように、本選びに失敗することは多々あります。それでも自分に合う本を見つけるまで、まずは読書をするという行動を始めてみて下さい。

あなたに合う本は必ず見つかるはずです。

section 25

売れている本には理由がある。それは、世間が求めている知識だから

書店に出向くことで新しい発見がある

私は、本屋さんに出向くのが大好きです。

そこで平積みされている本から、**目に入ってきたものを手に取って、購入するかしないかを決めています。**

自分が、ビジネス書の著者として、今の流行のテーマについて行くために、本屋さんに出向くという目的もあります。

タイトルのつけ方、本の表紙やデザイン、本のテーマなどが、そのときどきによって変わります。それが、とても勉強になるのです。

著者として、流行の本、売れる本を作るために、書店というのは、なくてはならな

い存在になってしまいました。

本屋さんに平積みされている本というのは、発売されてすぐの本か、それなりに売れている本だけです。売れない本は、すぐに返品されてしまいます。

今は1日に200冊〜300冊くらいの本が、新しく発売されているそうです。その中で、ビジネス書は、だいたい15冊〜20冊くらいだと言われています。

そうした中で、**みなさんの目に入る本というのは、たいてい売れている本です。**

ちなみに私は、日本経済新聞や読売新聞などの広告も見ています。

新聞広告に載る本というのも、それなりに売れている証拠だからです。

売れている本の理由を考えてみるのも面白い

ではなぜ、それらの本にこだわるのかというと、売れている本には理由があるからです。内容がいいのか、タイトルがいいのか、編集者の編集がいいのか、著者の力が強いのか、出版社の営業力がすごいのか、いろいろな理由があります。しかしそこには、世間が求めている要素があるから売れるのです。

しかし正直、何十万部、何百万部も売れたベストセラーの内容がいいかどうかは分かりません。

もはや、ビジネス書は、本の中身とは関係ない部分での勝負に入っているような気もしてなりませんが、売れない本は、何をしても売れないのです。ですので、**売れる本は、売れるための何かがあるのです。**

本を読むことで流行にも詳しくなる

本を読む習慣があまりない人には分かりにくいかもしれないので、テレビを例にしてみます。テレビの番組も同じように、視聴率がすべてです。

視聴率がいいと、CMを流す企業が増え、広告料が入ってきます。その中でヒットする番組というのは、出演者やテーマにもよるところもありますが、時代に合っているることが一番だと思います。

それと同じように、本も時代に合っているかどうかが大切なのです。

テレビでも本でも、流行っている内容というのは、ニュースでも取り上げられ、話題にもなりやすいです。必ず、日常的な会話になりますよね。

少し前になりますが、「アドラー心理学」は、とても流行りました。

アドラー心理学では、要約すると「人間の悩みは、すべて対人関係の悩みである」と言っています。

これも、時代背景を上手にとらえた本だといえるでしょう。

私も、今流行の話題についていくためや、人間関係のノウハウを学ぶために、本を購入して読みました。

他には、「メモ」「英語本」などが流行りました。

ノートに文章として書きとめるよりも、すぐメモに残した方が、頭の中でひらめいたことを形にしやすいからでしょう。今までとは違った発想が必要な時代なのです。ネットで調べるだけでなく、頭から取り出してアウトプットする作業が必要ということをテーマにした本だといえるでしょう。

日本企業も近年では、次第に外国企業に吸収または買収されたりするようになってきました。グローバル化してきたこともあり、英語力の必要性が問われてきているのは紛れもない事実です。

このように、**今の時代を表す本が売れるのです。**

流行り本に詳しいということは、今の時代の流れについていけているということでもあるのです。

ビジネスの現場でも、いろいろな話に詳しいほうが、何かと重宝されます。

本は、テレビ番組ほど話題性はありませんが、知っている人は知っているのです。

この先の時代が読めるほうが、成功する確率は圧倒的に高いはずです。

講演のテーマでも、本と同じように流行りすたりがあります。内容がどれだけよかったとしても、タイトルがよくないと、お呼びもかかりません。

その時代、時流に合ったテーマでないといけないのです。このように、売れる本、売れるテーマというのは、時代と密接に関係しているのですね。

私が、会社員時代に担当していた法人営業の仕事でも、今流行の本の内容に詳しいほうが、確実に話題が広がります。話題が広がった方が、相手との距離は近づきやすいので、営業としては非常に有利にはたらきます。

ということは、本というものは人間関係や信頼関係を作ることにも大いに役立つのです。

話題に詳しい人のほうが、詳しくない人よりも有利なのは間違いありません。

今流行の話題に詳しいほうが、ビジネスでお金になるチャンスは、増えます。

これだけでも、成功するための布石になるのです。

section 26

いい本だから売れるとは限らない。自分にとっての1冊を見つける

売れている本も大切だが、自分に合う本が一番いい

前章で、売れる本の話をさせてもらいました。

ですが、**売れる本は世間が求めている知識ではあるけれど、みなさんにとって、必ずしもいい本であるとは限りません。**

ある人にとっては、いい本となり、また別の人にとっては、そうでもない本だったということはよくあります。

世間に受け入れられるということは、万人に共通する内容なのかもしれません。

しかし、万人に共通するということは、平均的な本とも言えるかもしれません。

なので、売れた本の中からと言うよりは、あまり売れてはいないけれど、いい本に出会うことができると最高ですね。

どちらにしても、大切なのは、売れているか・売れていないかではなく、自分にとっていい本かどうかなのです。

大切なのは自分に合う本を見つけること

私もいろいろな本を読むので、たくさんの本との出会いがあります。

しかし、親しい人やSNSなどの友人が紹介している本でないと、当然ですが、その本の存在すら知らないままになってしまうことが非常に多くあります。

そんな中で、人によっては本の中身さえよければ、本は売れると思っている方がいます。

ですが、実際にはそうとも限らないのです。

本が売れる要素というものをご存知でしょうか？

本の売れ行きに影響するものとしては、

1. タイトル
2. 編集力
3. 本の中身

というように、本の売れ行きに影響するのは、実は本の中身だけではないことが分かります。

あとは、出版社が力を入れて営業した本かどうかという要素もあります。

著者のファンの力というものも存在します。

1と2の間に、営業力や広告宣伝、本の見栄えやデザインを入れてもいいのかもしれません。

また、2と3の間に著者の販売力や影響力などを入れてもいいかもしれません。

このように、必ずしもいい本が売れるとは限らないということです。

逆に売れない本の中にも、いい本はたくさんあります。

それを見つけるのが、読書の基本といってもいいくらい、大切な作業なのです。

いい本といっても、自分に合うかどうかが基準なので、本選びとは、宝物を探す作業に近いのかもしれません。

自分に合った本が見つかったときの感動はとてもうれしい気持ちになりますし、この経験は誰にでもあるのではないでしょうか。

つまり、自分にとっての1冊を見つけることが大切なのです。

自分にとっての1冊は、古典、哲学、歴史本などを探す場合と、ビジネス書を探す場合では、少し違います。

特に、**古典などビジネス書以外の本は、読書家が紹介している本、世間で評判になっている本、新聞の書評で紹介している本などの中から選べば、自分に合わないという意味で、外れる確率は低いと思います。**

私も実際に、いい本にたくさん出会いました。

比較的、人間の根本となるところや基となる知識を説いているため、物事の本質は時代を経ても変わらないのでしょう。

古典というものは、長い年月にわたる批判に耐えているため、今でも残っている本は、やはり良書である確率は高いのです。

こうして自分に合う本を探し求めていくうちに、自分にとって最高の本というのが、だんだん見つかるようになってきます。「これだ！」という本に出会うと、何度でも読み返したくなるものなのです。

常にアンテナを張り、興味を持ったら読む

私も今のように人生が上手くいっていないころは、いろいろと壁にぶち当たって悩んできました。そんなときは、「心が軽くなる本」をよく読みました。

実は読んでも、半分はピンと来ないのですが、何も変わらないよりは、少しだけでも人生が変わった方が楽です。

それらの本を読んで、少しでも心が楽になる考え方を、ひとつ、ふたつ実行してみ

ました。

例えば、「人と比べない」「自分で物事を決める」「何となく感じることを大切にする」などの内容の本です。

よくよく考えてみれば、自分にとっての1冊を見つけるために、たくさん本に出会うことも必要になるかもしれません。しかし逆に言えば、**年間に何百冊も読まなくても、選び抜かれた数十冊の中に、自分にとっての1冊を見つけることの方が、大切なのかもしれません。**

いろいろなことにアンテナを張る、自分が興味を持った本は読んでみる、面白くない、合わない本は、もったいないかもしれませんが、途中で読むのをやめる勇気を持って次の本へ意識を向けるなど、自分にとっての1冊を見つける作業というのは、たくさんあるのです。

section 27

いい読書とは、いい本との出会い。なるべく頻繁に本屋に出向こう

実際に書店に行くことが実は大切

いい本に出会うと、本当に人生が変わります。

端的にいうと、人生を変えるには、「いい本との出会いがすべて!」だと言っても過言ではありません。

ぜひみなさんも、この「いい本」に出会うという行動、活動に、全力を注いでいただきたいのです。

ですが、このいい本に出会う方法が、実は非常に難しいのです。

これは、私が読書に関するセミナーや講演をしていると、よく質問を受けるテーマのひとつでもあります。

そんなとき、私はこのように答えるようにしています。

「本屋（リアル書店）さんに出向き、自分で手に取って確認してください」と。

何を言っているのだろう……　というような反応をされることも多いです。

逆に、こんな質問を受けたりもします。

「ネット書店では、なぜダメなのですか？」と反論される方もいるのです。


今では、ネット書店が非常に便利になりました。


検索すれば、すぐに入力した内容にヒットするものが出てきます。自分に合った本なども、これまでの購入した履歴などから、分析して紹介してくれます。非常に便利でありがたい面があるのも事実です。

本のランキングデータもあります。

そのランキングも、ジャンル別に、かなり細かく分類されています。

ネット書店は便利だが弊害もある

しかし実は、ネット書店で気軽に購入できることが、みなさんがいい本に出会う確率を下げてしまっているのです。

自分が購入したい本が決まっている場合は、ネット書店でもいいでしょう。検索して、購入ボタンを押すだけで、送料無料（サイトによって条件は異なりますが）で、次の日くらいにすぐに送られてきます。

それでも、本屋さんで平積みされているであろう、発売から日が経っていない本ならば、ネット書店ではなく、直接本屋さんに出向いて、中身を確認してから購入すべきだと私は考えています。

ネット書店で購入するのは、少し発売が古く、本屋さんで探すのが大変だったり、本屋さんではほとんど置いていない本などの場合のみに限定すべきです。

私などは、購入したい本は決まっているけれど、大学の講座や企業研修の参考資料として使いたいので、どうしても中身を確認してから購入したいと思うことが多々あります。その場合は、大型書店を何軒もはしごをして、徹底的に実物を探します。

私はみなさんにも、実物を見て、購入するかしないか判断をしてほしいのです。近くにいる読書家に聞くと、有名な著者の本を10冊購入しても、当たりの本は、せいぜい2～3冊だと言っています。

しかも、このような人たちは、たいてい本屋さんで、実物を実際に見てから購入しています。

私は普段から何百冊と読書をしているので、かなり本を選ぶ精度は高いはずです。それでも、自分に合う本は2～3冊なのです。

当然、普段から本を読まない人の精度は、かなり下がります。

読書習慣のない人が、本屋さんでいい本に出会う確率というのは、10冊のうち1冊あるかないかくらいでしょう。

これを、実物を見ないでネット書店に頼っていると、いい本に出会う確率というのは、限りなくゼロに近くなってしまいます。

他人がいいと思う本と自分に合う本は違う

ではなぜ、ネット書店がよくないのかというと、みなさんが参考にされるレビューがよくないのです。

ビジネス書には特に当てはまるのですが、レビューが星5つのものしかない場合があります。こういうことは、正当な評価がされていれば、実はありえないのです。必ず、その本の内容に合わない人がいるので、公正な評価をすれば、星1つ～星5つまで、コメントが入るはずです。

本が出てすぐは、友人や知人がコメントを残します。なので、星5つしかありません。その後、あまり売れていない本ならば、レビューの数が増えず、そのままになります。

これでは、参考にしようもありません。

そもそも、他人がいい本だと言ったとしても、自分に合う本かどうかとは全く別問題なのです。

必ず、実物の本を見てほしいのです。


あとは、知り合いがSNSなどで紹介していた、書評ブログに掲載されていた、会社の先輩や上司にすすめられたという本を選ぶ人が多いですが、これも実は間違っているのです。

私もこの方法で本を選んでいた時期がありました。その中で、自分に合う本というのは、10冊のうち1冊あるかないかでした。

それくらい、他人がいいと思う本と、自分がいいと思う本は違うのです。

いい読書をしたければ、いい本に出会わなければなりません。

いい本があって初めて、自分の目標に近づくのです。

section 28

共感できる著者に出会えたらチャンス。徹底的に著者にこだわれ！

気に入った本に出会えたら、著者に会ってみる

自分の中の良書に出会うことができると、今度は、その著者が気になるようになってきます。

著者が気になるようになり、この著者の他の本も読んでみたいと思えるようになったら、こっちのものです。

気になる著者ができたら、私は必ず、その方のセミナーや講座に参加して、サインをもらいに行きます。

著者本人から話が聞けて、本にサインをもらえるのですから、これほど自分にとって印象に残ることはありません。

直接、サインをもらった本は、別枠で、本棚にしまってあります。

そして、たいていの著者は、セミナーや講座をやっていることが多いです。

中には、超有名人の著者の方もいますので、セミナーが高額であったり、簡単にはお会いできない人もいます。


一回会っただけでは、顔見知りになるのは難しいかもしれませんが、何もしないよりはマシです。

どうしても顔を覚えてもらいたいくらい著者が好きになった場合は、私はちょっと高額な講座に参加して、自分がお客さまになります。


これなら、確実です。

お客さまなので、丁寧に接してくれます。

本に書いてあること以外のことも分かり、著者そのものを知ることができます。

「セミナー講師」「人間学」「人脈作り」を書いている著者の方々には、本当にお世話になりました。

このようなことを行おうとせず、無料で何とかしようとしたり、本を持たずに名刺交換に行っても、著者の印象には残りません。長蛇の列ができている著者の先生と名刺交換するのは、おすすめできません。なぜなら、絶対に、あなたのことは覚えていないからです。あなたが渡した名刺は、あとから捨てられるか、メルマガに勝手に登録されるだけになってしまうものです。

お客さまにもなっていないのに直接メールをして、何かを教えてもらおうとするのは、とても失礼なことです。

セミナーでも、人に何かを教えてもらうことでも、無料で何とかしようという発想を持っている限り、格差社会から抜け出すことはできません。

好きな著者を見つけたら処女作を読んでみる

本の話に戻りますが、自分にとって相性のいい本というのは、その本の著者の他の著作を読んでも相性がいいことが多いのです。

他の人からすすめられた本や著者ではだめです。

あくまでも、自分にとってどうかということです。

私の場合、自分にとって共感できる著者を見つけたら、まず、その著者の処女作を購入して読みます。


何冊も出版している著者ならば、処女作は、今とは違うテーマであることもあります。

・どうしてそのテーマで著者デビューしたのか？
・なぜ、今は違うテーマで書いているのか？

そんなことが気になったりするので、考えながら読むこともあります。

文章も今よりは、下手だったりすることもあります。


ですが、著者の根底にある本当の想いというものは、最初の本、すなわち処女作にすべて詰まっているといえます。

これは、自分で本を書いてみるとよく分かります。

1冊目の本というのは、初めて自分の本が本屋さんに並ぶわけです。とにかく、「恥ずかしくないように、持てる力をすべて出そう！」と思って、著者は魂を込めて文章を仕上げるのです。

このあたりも考慮しながら、本を選ぶとよいでしょう。

共感できる著者ができたら、とにかく、すべての本を読んでください。徹底的に著者にこだわるのです。

自分に合う著者が読んだ本は要チェック

次に、良書に出会う方法をお伝えします。

共感できた著者のすべての本を読んだ後に、行ってほしい作業なのですが、**本の後ろの方にある参考文献を見てください。そこには、本を書くにあたって参考にした本が列挙されています。**

私の本は、出版社にお願いして、すべての本に参考文献を載せてもらっています。

実は、共感できた著者が参考にした本というのも、自分に合う本である確率が非常に高いのです。

私は、共感できた著者ができたら、必ずすべての本を読みます。

その次に、参考文献に載っている本もすべて読みます。

参考文献がない場合は、本文中に引用されている本が、参考文献に近い形となります。

私は、自分の好きな本の本文中で紹介されている本が出てきたら、その本も購入して読んでみます。

これを繰り返し行っていくだけでも、相当数の本が読めることになります。

このように選んでいけば、良書に出会う確率はかなり上がります。

そして、徹底的に著者にこだわってください。それが自分にとっての良書に出会う一番確実な方法なのです。

第5章 *chapter 5*

一流の人は、「小説」と「歴史」を大切にする

section 29

歴史は繰り返すからこそ、現代に応用できる

ビジネス書の次は歴史書を読む

一時期の歴史ブームの影響もあり、歴史が好きな人は多いことでしょう。

少し前になりますが、友人に、歴史が好きで、歴史に関する本をよく読んでいる人がいました。

そのとき私は起業を目指しており、ちょうどビジネス書にはまっているときだったので、彼にはビジネス書を読まないと成長できないことを話していました。

しかし今では、とんでもないことを言っていたのだと、深く反省しています。

ビジネス書はあえて読まなくてもいいですし、ビジネス書もひと通り読み尽くした

ら、**結局は歴史本や哲学書に戻ってくる**ので、彼の選択は正しかったのです。
本来は、世界史であれば実際に海外に出向き自分で感じてみることや、日本史でも、その歴史に関係する場所に行ってみることが大切になります。そうすることで、さらに知識が深くなっていくものだと思います。

私が住む愛知県近郊ならば、関ヶ原の戦い、桶狭間の戦いが起こった場所がありま す。今は、面影はありませんが、実際に足を運んでみることで、理解が深まるのです。そのようなことをしていると、熱田神宮との絡みなどが分かってきたりしました。
熱田神宮は、こうした覚悟を決めた戦いに挑むときに助けてくれる神様だそうです。織田信長が、桶狭間の戦いに挑む前に、必勝祈願に訪れているそうです。それを知らず、自分が悩んでいるときに、いつもお参りしていたので、お参りするタイミングを間違えていました。

ちなみに私は、お城が好きな友人の影響もあり、国宝であるお城（犬山城、松本城、姫路城、彦根城など）には、すべて行きました。そうすると、「なぜお城ができたのか？」「なぜその場所にあるのか？」「なぜ、国宝として残っているのか？」など、深く勉強するきっかけになるものなのです。

愛知県にある犬山城は、規模は小さいですが、国宝としては有名です。近くを流れる、木曽川という大きな川沿いにあり、「ここに建てられたのは、どうしてなのだろう？」と、追求してしまうのが、本当の勉強です。

もちろん、「国宝」「お城」に関する本も、いくつか読んだおかげで、理解が深まりました。

これは、人に説明できるので、教養になっているともいえます。

名古屋城は金の鯱《しゃちほこ》で有名ですが、歴史好きの人からすると、断然、犬山城なのだそうです。

成功も失敗も歴史から学ぶことができる

ビジネスにおいて歴史が重宝されるのは、**「歴史は繰り返すから、現代に応用できる」**ということがあるからです。

ライフネット生命代表取締役会長である出口治明氏の著書『人生を面白くする　本物の教養』（幻冬舎）には、歴史について、このように書かれています。

「歴史上の人物たちが語りかける言葉に、私たちは素直に耳を傾けるべきです。彼らが収めた成功だけではなく、彼らが犯した失敗をも学ぶことによって、彼らが陥った落とし穴に落ちないようにしなければなりません。それが歴史を学ぶということであり、先人たちのメッセージを受け取るということです。同じ失敗を繰り返さないことで、人間は少しずつ賢くなってきたと言えると思います」

失敗することの怖さは、身をもって体験しないと分からないのかもしれません。ですが、歴史上の人物は、もうすでに、同じようなことを行っているのです。

歴史を学ぶことによって、私たちは、ビジネスなどの物事を、疑似体験することができるということを覚えておきたいですね。

自分が体験すべき時間を短縮するために、歴史を学ぶのです。

歴史は繰り返すから、現代に応用できる

経済学者、慶應義塾大学教授で元国務大臣の竹中平蔵氏は、著書『不安な未来を生き抜く知恵は、歴史名言が教えてくれる』（ＳＢクリエイティブ）で、このように述べています。

「歴史を学ぶということの本当の意味は、社会が動くメカニズム、すなわちある出来事がどんな背景や理由で生じ、それが人間社会にどんな作用をもたらしたのか、というロジックを学ぶことにあります」

歴史上の人物というのは、いろいろな名言を残しています。

名言とは、歴史上の人物が長年かけて試行錯誤を繰り返し、ときには人に文句を言われながらも自分の信念を貫き、一文に凝縮してでき上がった短い文章です。

また、パソナの創業者である南部靖之氏は、吉田松陰の「知行合一《ちこうごういつ》」という言葉を

大切にしているそうです。この言葉は、「真に知ることは、必ず行動が伴う。知と行は表裏一体で、別のものではない」ということを意味しています。

この言葉から、「迷ったらやる」というのが、ポリシーだそうです。

幕末のヒーローである坂本龍馬から、ビジョンを掲げ幕末の精神的なリーダーとなった姿を学ぶ経営者もいます。

戦国の風雲児、織田信長からは、伝説が尽きない強烈なリーダーであることや、身分にとらわれない抜擢人事で強力な組織を作り上げたことから、指導者に必要なリーダーシップを学ぶ経営者も多いようです。

また、ドイツの名宰相であるオットー・ビスマルクの「愚者は経験に学び、賢者は歴史に学ぶ」という格言もあります。

これらの言葉にある通り、自らの経験に頼るのではなく、他人の経験を歴史から学ぶことが大切なのです。

歴史は繰り返すから、現代に応用できるのです。

section 30

小説を読むと感受性が鍛えられる

読書の本質を考えながら読む

読書が趣味という人にお会いすると、たいてい小説を読むと言われます。

最近は、あまり売れなくなったようですが、それでも人気がある分野です。

私は昔、国語が大嫌いで、この小説の類《たぐい》を読む気がしませんでした。

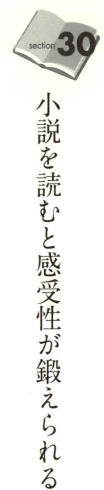

よく、国語の問題のなかで、「その」は、どこを指しますか？　であったり、「　」の中には（しかし、実は、それで、ですから）のうち、何が入りますか？　などという問いに答えられず、先生に詰め寄ったこともあります。

なぜかというと、その理由が示されないのに、一方的に「○○が当てはまります！」みたいなことを言われることに納得がいかず、私は「先生は、著者に聞いたのですか？」と追及して、怒られた経験もありました。

今思うと、それを考えるだけでも思考力が深まっていたような気がします。

このように、**「著者が何を言いたいのか」を常に考え、「その文章の先には、何が隠されているか」を推測する。**

これが読書の本質のような気がします。


そのようなことを考える能力を鍛えるには、実は小説を読むのが一番なのです。

これは、もちろん、ビジネス書などの一般的な本でも鍛えられます。

私は、たくさんのビジネス書を読む中で、このような推察力が鍛えられた自覚があります。しかし、改めて小説を読むようになって、ビジネス書とは比べものにならないくらい、小説は推察力、推理力などの能力が鍛えられることが分かりました。

現代人に足りない能力です。

本の効能は、知識を得るだけでなく、能力を鍛えることにも及ぶのです。

また歴史小説、推理小説なども面白いでしょう。

読書＝小説というイメージは、案外定着しているのかもしれません。私も昔は、読書と言うと小説しかないと思っていました。

ストーリーがあるので、内容にはまると、面白くて、最後まで読みたくなってしまいます。

受験生なのに、試験勉強を忘れて、夢中で読んでいたことがあります。

昔はあまり読書をしない自分でさえ、村上春樹氏が好きで、『ダンス・ダンス・ダンス』『ノルウェイの森』『羊をめぐる冒険』などを読んでいました。

そして私は、あるときからビジネス書がメインとなり、他のジャンルはあまり読まなくなってしまったのですが、今は小説にはいろいろな読書の効能があることを再認識しました。最近では、読書そのものを見直して、ビジネス書だけではなく、小説や古典などをよく読むようにもなりました。

小説には4つの効能がある

作家の本田健氏の著書『読書で自分を高める』（大和書房）には、「小説には、人の感情を揺り動かす力がある」と、記されています。


小説の効能には、次のようなものがあります。

これからの格差社会に生き残っていくために、必要な要素ばかりです。


まず、**1つ目は、感受性が鍛えられる**ということです。

小説には、等身大の人間が描かれています。

小説には、ストーリーがあり、その主人公に共感したり、同じ気持ちになったりと、感情が動きます。そこから、共感力、感受性が鍛えられます。

現代人は、喜怒哀楽をあまり表に出さなくなってしまいました。特に、日本人は、我慢することが美徳のためか、自分の気持ちを隠すことがあります。そんなことを繰り返しているうちに、自分の感受性が鈍ってしまっているのではないでしょうか。

人間の本来の姿を蘇らせるためにも、小説は効果があるはずです。


2つ目は、想像力が鍛えられるということです。

小説は、話の流れがあり、いろいろなストーリーがあります。

次の展開がどうなるのかという、ハラハラ、ドキドキする感覚は、感受性のところでもお伝えしましたが、「次にどうなるのだろう……」と、小説を読んでいるうちに、自然と想像を膨らませるようになります。

想像力は、仕事のアイデアがひらめいたりする創造力を鍛えることにもなるのです。

そして創造力は、今の時代のビジネスにとって、なくてはならない力です。


3つ目は、記憶力が鍛えられるということです。

ストーリーの中で、話しについていくために、人物や描写、背景などを記憶したりしなければいけないことも多く、常に頭を使います。

年齢を重ねるごとに、記憶力が悪くなったという人は多いです。これは、脳の細胞が20歳ごろをピークにどんどん減っていくからなのかもしれません。しかし、脳細胞は増えませんが、脳の使い方によっては、脳の神経細胞をつなぐシナプスと呼ばれるものが増えて、逆に記憶力がよくなることもあるのです。

記憶力が悪くなったという人は、ただ単純に、脳を使っていないからなのです。

4つ目は、語彙力や表現力が上がることです。

これは小説に限らず、読書全般にいえることなのかもしれません。読書を続けていると、表現であったり文章の言い回しなど、さまざまなパターンが頭に入ってきます。そうなると、今度は文章を書くときに成果が出ていきます。**ビジネスマンの場合は、企画書の作成やレポートの作成などに、とても効果があります。**分かりやすい文章を書くようになれるからです。

学生の場合は、国語力が確実に上がります。

このようなことから、小説を読む効能はたくさんあります。

格差社会で生き残るためには、必須の力になるのではないでしょうか。

section 31

哲学で心のあり方を学ぶ

偉人の言葉はそれ自体が哲学

私は今でこそ独立して、自分のやりたかった講師の仕事をして全国を回り、本も出版して、夢が実現できた人と言えるかもしれません。しかし、ここまでくるのに、非常に苦労してきました。

大きな壁が何度もあり、人生を何度もあきらめかけました。

毎日毎日、生きるだけで精一杯で、何のために自分が存在しているのだろうと考えたことは、一度や二度ではありません。

なぜ、「自分の好きなことをして生きてはいけないのか?」「なぜ、嫌なことで我慢をしないといけないのか?」という疑問は、なかなか解決できませんでした。

そんなときに、私を救ってくれた本が、偉人の言葉、哲学だったのです。

「偉人の言葉が集められた本」を、何度も何度も読みました。

私は当時、偉人と呼ばれている人の本を読んでいるとき、その偉人の言葉が集められた本だとしか考えていなかったのですが、今考えると、その本の中にある考え方そのものが、哲学の考え方だったのです。

哲学とは物事の本質を探究する営み

では哲学とは、一体どういうものなのでしょうか？

山口大学国際総合科学部准教授で日本の哲学者である小川仁志氏の著書『世界のエリートが学んでいる教養としての哲学』（ＰＨＰ研究所）ではこのように述べられています。

「欧米を中心に、世界では西洋哲学が当然のように学校で教えられ、フランスなどでは大学受験の必須科目にすらなっています。したがって、グローバルに活躍する世界のエリートは哲学の基礎知識があるのが当たり前なのです」

同じくこの本によると、「哲学とは、物事の本質を批判的、根源的に探究する営みだといえます」とも書かれています。

哲学には、世界史で習ったことのある人物が出てきます。

例えば、古代ギリシャでは、ソクラテス、プラトンという人を聞いたことがあるでしょう。

ソクラテスが、哲学という学問を始めたと言われています。

ソクラテスの弟子が、プラトンで、その弟子がアリストテレスなのです。

アリストテレスは、さすがに誰でも聞いたことがある名前なのではないでしょうか。

ソクラテスの名言の中では、このようなものがあります。

「本をよく読むことで自分を成長させていきなさい。本は著者がとても苦労して身に付けたことを、たやすく手に入れさせてくれるのだ」

「自分自身が無知であることを知っている人間は、自分自身が無知であることを知らない人間より賢い」

「財産や名誉を得ることのみに執心し、己の魂を善くすることに努めないのを恥とは思わないのか」

　というようなものがあります。


　また、アリストテレスは弁論術などで知られるように、スピーチの天才だったようで、私たちのような講師業をする者は、いつもこの教えを守っています。

　それは、
・ロゴス（論理）　何を伝えたいのか。
・パトス（情熱）　人に伝えたい！　という情熱。
・エトス（倫理）　人は、言葉以外のものを見ているということ。
というところにも例えられたりしています。

　そして、哲学は、古代から中世、近代、現代と流れていきます。

近代では、デカルト、マルクス、ニーチェなどが、聞いたことがある名前でしょう。また現代では、実存主義のサルトルなどが、多くの人が耳に覚えがあるのではないでしょうか。

哲学には絶対的な答えがない

では、実際に、哲学がなぜ大切なのでしょうか？

先述のドリームインキュベータ代表取締役会長である堀紘一氏の著書である『自分を変える読書術　学歴は学〈習〉歴で超えられる！』では、このように述べられています。

「哲学はシンプルにいうなら、『人間について深く知り、どう生きるべきかを徹底的に考える学問』である。絶対的な答えがないことをあえて考えるのが哲学であり、哲学書の学びを介して答えのないものを考える訓練を重ねているとビジネス上の選択にも役立つのである」

また、評論家である加谷珪一氏の著書『お金持ちはなぜ、「教養」を必死に学ぶのか』では、哲学を学ぶ利点についてこのように述べられています。

「お金儲けは人とのコミュニケーションですから、人はどのような存在なのかを問う哲学の知識が役立たないわけがありません」

ビジネスマン、中でもお金儲けを考えている人には、必須の学問なのです。格差社会を生き延びるには、この哲学の考え方が、特に必要になるはずです。

非正規労働者で働いていたとしても、リストラされたとしても、哲学の考え方を持っていれば、人生を前向きにとらえられるようになるはずです。なので、名言集や入門書を読みながら、自分について、人間について、どう生きるかなどを、徹底的に考えるだけでも、人生が違ってくるはずです。

ぜひ、哲学書を読んで、人間の心のあり方を学んでください。

section 32

徹底的に古典や名著にこだわるのもあり

古典が現代のビジネス書より優れている理由

古典には、いろいろな教えが詰まっており、根本から人間の考え方を変える力があると私は思っています。

ライフネット生命の代表取締役会長である出口治明の著書『本の「使い方」――1万冊を血肉にした方法』では、このように書かれています。

「ビジネス書を10冊読むより、古典を1冊読むほうが、はるかに得るものが大きい。優れた本というのは、そう滅多に世にでるものではありません」

では、古典は、どうして現代のビジネス書よりも優れているのでしょうか。その理由としては大きく四つあると思います。

①時代を超えて残ったものは、無条件に正しい。
②人間の基本的、普遍的な喜怒哀楽が学べる。
③ケーススタディとして勉強になる。
④自分の頭で考える力を鍛錬できる。

いつの時代も物事の根本となる考え方や本質の部分は、変わらないことから、古典が大切だとも言えます。

特に現代人は、自分で考える力がなくなりつつあります。高度経済成長の時代に、人に言われたことを従順にこなす人間を育成したことと、年功序列や終身雇用制度があったため、自分で何も考えなくても会社が守ってくれました。

今の時代は、このような考え方をしていては、一流のビジネスマンにはなれません。自分自身で何も考えることをしなければ、社会に置いていかれるばかりで、格差社会の餌食《えじき》になってしまうのです。

古典は、読むのが難しく、理解するのが大変ですが、何回も読むうちに、その奥深さに魅了されていきます。少し抵抗がある人ならば、なるべく薄い本から読み始めるのがいいでしょう。

比較的新しい古典の代表的な書物として、安岡正篤《やすおかまさひろ》の『【新装版】運命を創る――人間学講話』、『【新装版】論語の活学――人間学講話』（ともにプレジデント社）などがあります。

私は、この2冊から読み始めました。

今まで読んでいたビジネス書と違い、とても考えさせられます。

かなり奥が深いです。

私たちは、つい悩みがあると、いろいろと複雑にしてしまいがちですが、根本をたどっていくと真実はひとつしかなく、これらの古典を読んでいると、非常にシンプルに考えた方がいいことが分かります。

ビジネス書にも名著のエキスが入っている

著述家、アドラー心理学派の心理カウンセラーで、人間塾代表理事である小倉広氏の著書『ブレない自分をつくる「古典」読書術』（日刊工業新聞社）では、古典をこのように整理しています。

第1世代　古代～近世古典－孔子、孟子、老子、荘子、二宮尊徳、佐藤一斎など。
第2世代　近代古典－吉田松陰、西郷隆盛、福沢諭吉、A・アドラー、C・ユング、フランクリンなど。
第3世代　現代古典－森信三、安岡正篤、V・E・フランクル、D・カーネギーなど。

A・アドラーなどは、少し前にアドラー心理学として、一世を風靡《ふうび》しました。なので、ご存知の方も多いのではないかと思います。

心理学を習った方、カウンセラーを目指したことのある方でしたら、オーストリアの精神分析学者であるフロイトや、スイスの精神科医、心理学者のC・ユングなどは知っているのではないでしょうか。

そして、『人を動かす』『道は開ける』などの名著で有名なD・カーネギーなども含まれます。

名著というものは、古典の中に含まれるのですが、徹底的にこだわるのもありです。今発売されているビジネス書は、たいてい名著と呼ばれる本から、派生しているものばかりです。考え方やエッセンスのどこかに、名著のエキスが入っています。中でも人間関係についてのほとんどは、**D・カーネギーの『人を動かす』**（創元社）が、元になっていると言われています。

人が物を買うときの購買心理については、**ロバート・B・チャルディーニの『影響力の武器〔第三版〕：なぜ、人は動かされるのか』**（誠信書房）が元になっていると言われています。

読書の本の原点は、**J・モーティマー・アドラーの『本を読む本』**（講談社）が、元になっていると言われています。

成功哲学については、**ナポレオン・ヒルの『思考は現実化する』**（きこ書房）が、元になっていると言われています。

ビジネス書を普段読まない成功者や一流の人の読書家でも、これらの名著は、必ず目を通しています。それだけ、古典に属する名著と呼ばれる本には、大切なエッセンスが詰まっているのです。

ぜひ、古典や名著に挑戦してみてください。必ず、みなさんの軸となる考え方ができるはずです。自分の軸がある人とない人では、これからの時代はどんどん格差が広がってしまいます。

section 33

偉人や成功者の言葉には、現代人へのメッセージが詰まっている

偉人の言葉が自分の悩みを救ってくれる

人生どん底に落ちたとき、私は幾度となく、偉人や成功者の言葉に救われました。

偉人や成功者の言葉は、時代や背景が違っても物事の本質は同じであり、メッセージの中にはいろいろな想いが詰まっています。

偉人の言葉だけを集めて、1冊の本にしたものもたくさんあります。短い言葉の中に、多様なエッセンスが詰まっています。

この偉人の言葉は、他の項目で説明してきた、歴史の要素、哲学の要素、古典の要素などが詰まっているのですから、成功者が参考にしないわけがありません。

本を読むことが一番ですが、時間がないとき、ヒントがほしいときなどは、偉人や成功者の言葉だけでも読んでみるといいでしょう。

私は、人生そのもの、転職、起業のときやまわりの人の罵声《ばせい》など多くの苦い経験をしてきた結果、**人生のヒントを本から学ぶようになりました。**

本当は、過去に同じ経験をしてきた人や、自分より一歩も二歩も先に進んでいる人に聞くのが一番いいのですが、そのような人の知り合いは、なかなかいません。

しかし本ならば、そうした人を知らなくとも、学ぶことができます。

そんなときに、頼りになったのが、偉人や成功者の言葉なのです。

その中から、短いメッセージのみを取り出したものが、この項目でお伝えしたいメッセージになります。

では、実際に、どのような偉人や成功者の言葉があるのでしょうか?

いくつか、取り上げて説明したいと思います。

成功者の名言が意味すること

「複雑なものはうまくいかない」

これは、ピーター・ドラッカー（1909年〜2005年）の名言です。

ピーター・ドラッカーは、オーストリア出身の経営学者で、現代経営学、マネジメントの発明者です。何でもそうですが、複雑にすると理解できなくなり、失敗してしまいます。すべては、シンプルな方がいいのです。シンプルにすると上手くいくことを私も学びました。

「垣根は相手がつくっているのではなく、自分がつくっている」

これは、アリストテレス（紀元前384年〜紀元前322年）の名言です。彼は古代ギリシャの哲学者で、ソクラテス、プラトンとともに西洋最大の哲学者の一人です。ときには人と人との間に壁ができることがあります。その状況では、相手が自分のことを嫌っているからだと思いがちですが、実は自分が相手に苦手意識を持つことで壁を作っているという意味です。

「その人を知らざれば、その友を見よ」

これは、孔子（紀元前551年〜紀元前479年）の名言です。

孔子は春秋時代の中国の思想家、哲学者、儒家の始祖《しそ》だと言われています。その人のことを知りたければ、友達を何人か見ればだいたい分かるというものです。

「何かを始めるためには、しゃべるのをやめて行動し始めなければならない」

これは、ウォルト・ディズニー（1901年〜1966年）の名言です。

ウォルト・ディズニーは、米国のエンターテイナー、プロデューサー、実業家であり、ミッキー・マウスの生みの親です。

現代人は、学校にしろ、会社にしろ、やらされていることに慣れているため、自分から行動することが苦手です。でも、行動しなければ、何も始まらないのです。

偉人の名言ほどシンプルでわかりやすい

ここからは、成功者と呼ばれる人の言葉を見てみましょう。

「自分が出したアイデアを、少なくとも一回は人に笑われるようでなければ、独創的な発想をしているとは言えない」

これは、ビル・ゲイツ（1955年〜）の名言です。

みなさんが知っている、米国の実業家で、マイクロソフト社の創業者です。

あれだけの会社を作ろうと思えば、普通のアイデアでは、ダメなのです。独創的なアイデアというのは、人に笑われることだというのが、またすごいと感じました。

「もし今日が人生最後の日だとしたら、今やろうとしていることは本当に自分のやりたいことだろうか？」

これは、スティーブ・ジョブズ（1955年〜2011年）の名言です。

誰もが知っている、米国の実業家で、アップル社の創業者です。

彼は仕事のとらえ方に関する名言も多いのですが、キャリアについての名言もたくさん残しています。私は彼の言葉で、非常に自分のキャリアが救われました。

「モチベーションとは、命令や指示で生み出せないものである」

これは、カルロス・ゴーン（1954年〜）の名言です。

ひと昔前に話題となりました、ブラジル出身の実業家で、ルノーのCEOであり、日産自動車CEOです。

彼は会社を立て直すために、いち早くコーチングを取り入れたことで有名です。

元気がない、やる気がない人に、指示や命令をしてもモチベーションは上がらず、相手の話しを聞いてあげたり、相手の気持ちを理解してあげることが必要なのです。

偉人の名言から、成功者と呼ばれる人の名言の一部を紹介させていただきましたが、格差社会を生き延びるためにも、自分に合った名言を早く見つけることが大切なのです。名言ほど、シンプルで分かりやすいものはありませんから。

section 34

ビジネス書も必要だが、ノウハウやテクニックに頼りすぎない

読書の大切さを説く本も増えている

著名な読書家の方にお会いしたり、その方たちの本を読んでいると、ビジネス書は読まないという意見が大半ですし、読書が趣味という方の中で、ビジネス書を読むという方は少ないように感じます。

この本でも、ビジネス書の読み方などについては、あまり触れていません。

ですが私は、ビジネス書も大切だと思っています。

ちなみに、書店に並ぶビジネス書の中で、読書がテーマの本は、1年半くらい前からかなり流行のようです。

すでに何十冊も出版している著者や、10万部ぐらいを売り上げた本の著者が、自分の読書法を紹介したり、読書をテーマにした本を発売する形が多くなっています。

ここ最近では、普通の読書法では飽き足らないのか、いろいろな視点から、あらゆるテーマの本が出てきています。これらの本を読んでみると、結局は、ビジネス書の大切さを説いているものばかりです。

また、ビジネス書の中には、古典と題材とした名著なども含まれています。

人によっては、名著と呼ばれるものは読むけれど、書店で平積みされている今流行りの本は読まないという方もいます。

ビジネス書にはテクニックが詰まっている

このように、いろいろな意見はありますが、**なぜビジネス書が大切かというと、即効性のあるテクニックを求めるには手っ取り早いからです。**

ビジネス書を出版されている方たちは、ほとんどが、その道の専門家です。自他ともに認める経験や実績がないと、ビジネス書出版ができません。

そこに書いてある内容は、成功者たちが歩んできた歴史が詰まっており、成功者が上手くいった法則のようなものだからです。

私の場合は、セミナー講師になりたいと思ったら、「講師になるための本」を読み、会場の探し方から募集の仕方、話し方を学びました。今ほどセミナーが誰でも開催できる時代ではなかったですし、知らない知識は、本から学んだ方が早いです。

その後、研修講師を目指したときは、「研修講師」について書かれた本を読みました。研修とセミナーとは運営方法が全くといっていいほど違うので、研修の考え方から企画書の作り方、ワークの仕方を学びました。ただ、研修は、講師として登壇経験がない人、セミナー講師しかしたことがない人には、分かりにくいかもしれません。

Ｗｅｂ戦略も導入していたので、「ブログ」「ＳＥＯ対策」「ＳＮＳ」などの関係の本もひと通り読みました。これらの本は、ほとんどが入門書です。これらの本で、基礎知識を付けた後、「会員組織の作り方」「ファンの作り方」といった本を読んで応用しました。Ｗｅｂ戦略は、基礎と応用の両方が必要です。

自分自身で経験し試行錯誤することが大切

他には、セミナーに参加するという方法もありますが、本格的なセミナーとなると、値段も数十万円~数百万円と高く、現実的ではありません。

本もセミナーもそうですが、すべての内容が、みなさんに当てはまるかどうかは分かりません。中には、参考にならない本や著者もいるでしょう。

ずばり言うと、あまりノウハウだけに頼ってほしくないのです。
自分がこれだと思ったノウハウだけに限定してほしいのです。
もしくは、参考にしつつも、自分で試行錯誤して、経験を積んでほしいのです。

ビジネス書の中に書いてある内容というのは、一見すると、ビジネスが上手くいきそうな内容ばかりです。

ですが、その内容というのは、上辺だけのことが多く、成功した人に会ってみると分かるのですが、私たちには見えない部分で、失敗もたくさんしています。さらには、水面下ではものすごい努力をされています。

ビジネス書はその中で、上手くいった方法だけを選び出したものです。失敗や水面下で努力した内容は、ほとんど書かれていないのが現実なのです。

そこに書いてあることだけを真似したり、いろんなセミナーに通ったり、たくさん本を読んできても成功できないのは、このようなところに理由があるのです。

あくまで、ビジネス書も大切ではありますが、ノウハウに頼りすぎるのではなく、一流の人が大切にしている、小説、歴史、古典なども読まなければなりません。

そのうえで、ビジネス書も大切だという話なのですが、なぜだか、**ビジネス書を読みたいと思う人の大半は、読書テクニックに頼り過ぎのような気がします。**

ビジネス書を買い求める人の大半は、普段から本を読まない人が多いのも実状です。

さらに現代は仕事で忙しく、時間がない人ばかりです。

この仕事で忙しい、時間があまり取れないというのを言い訳にして、とにかく、簡単に本を読み終えたいという人が多いのです。

そうなると、速読や読書法などのテクニックに走りがちです。

しかし、速読だけに頼っていても、いいことはありません。

せっかく本を読むのなら、本に書いてある内容だけではなく、行間も読み取ってほしいのです。

私は、著者と対話しながら読むことをすすめていますが、テクニックに頼りすぎると、行間が読み取れないだけではなく、著者と対話しながら読むことができません。

結局、内容が理解できないまま、本を読み終えることになってしまいます。


本を読もうという気持ちは、素晴らしいです。

何でも簡単に済ませようとしないことが、大切です。

物事の本質を知るということがとても大切なのです。


そのために、テクニックに頼るのではなく、あなたに合った「いい読書」をぜひ見つけて下さい。

それが現代の格差社会を生き延びる、最強の武器となるのです。

おわりに

最後まで本書をお読みいただき、ありがとうございました。

読書の大切さが、お分かりいただけたのではないでしょうか。

読書で教養を身につけたあなたは、ある意味無敵の存在になることは、間違いありません。

今日から、明日から、読書しよう！　と決意された方も多いはずです。

しかし、分かっていながら、なかなかできないのが人間です。

仕事が忙しく、時間が取れないかもしれません。

日々生きるのに精一杯で、それどころではないかもしれません。

本をたくさん購入するお金がないかもしれません。

これから、みなさんがもう一度、この本に書いてあったことを思い出す意味でも、同じことを述べさせていただきます。

日本は、格差社会です。

会社が守ってくれる、会社の言うことだけ聞いていればいいというような、今までと同じ感覚では、生き残っていけなくなりました。

一生懸命勉強し、いい大学に入り、いい会社に入れば一生安泰という時代でもなくなりました。

大学の入試制度も大きく変わろうとしています。

すなわち、個々のパーソナリティが重要視され、自主性が問われる時代なのです。

何もしなければ、どんどん格差社会の波にのまれてしまいます。

この本を読み、自分で現状に気がつき、本気で頑張ろうと思った方は、ぜひとも読書を始めてください。

そう、知識と教養を身につけるために必要なのが、読書なのです。

非正規労働者になってしまった方でも、今から頑張れば、十分に逆転は可能です。国のせい、時代のせいにするのではなく、ぜひ読書によって自分を変え、自分の人生を自らの手で掴み取って下さい。

読書の重要性については、本文中で何度も触れました。

私もダメダメなサラリーマンから、読書で大きく人生が変わりました。独立起業し、本も数冊出版するまでになりました。

近くにいる成功者も、みなさん読書で変わった方ばかりです。

これからの時代に生き残っていくために、ぜひ読書をして、知識と教養を身につけて下さい。

読書で知識と教養を深め、日本で活躍する人々、世界で活躍する人々が、たくさん出てきてくれることが、私の本当の願いです。

普段、私が一緒に仕事をさせていただいているメンバーには、いつも応援してもらっています。

ここ最近は、お付き合いさせていただくメンバーも、大きく変わりました。

私の考えに理解のある妻、中学校1年生になった子供たち（双子の男女）のおかげで、幸せな毎日が過ごせています。

最後に、本当にありがとうございました。

大岩俊之

参考文献

・本を読む人だけが手にするもの　藤原和博（著）　日本実業出版社
・本の「使い方」　1万冊を血肉にした方法　出口治明（著）　KADOKAWA／角川書店
・自分を変える読書術　学歴は学〈習〉歴で超えられる！　堀　紘一（著）　SBクリエイティブ
・戦略読書　三谷宏治（著）　ダイヤモンド社
・読書で自分を高める　本田　健（著）　大和書房
・レバレッジ・リーディング　本田直之（著）　東洋経済新報社
・本は10冊同時に読め！　――本を読まない人はサルである！　生き方に差がつく「超並列」読書術
成毛　眞（著）　三笠書房
・読書は「アウトプット」が99％その1冊にもっと「付加価値」をつける読み方　藤井孝一　三笠書房
・多読術　松岡正剛（著）　筑摩書房
・ブレない自分をつくる「古典」読書術　小倉　広（著）　日刊工業新聞社
・世界のエリートが学んでいる教養としての哲学　小川仁志（著）　ＰＨＰ研究所
・人はなぜ学ばなければならないのか　齋藤孝（著）　実業之日本社

・新世代CEOの本棚　堀江貴文（著）他　文藝春秋
・本棚にもルールがある　成毛眞（著）　ダイヤモンド社
・語彙力こそが教養である　齋藤孝（著）　KADOKAWA／角川書店
・人生を面白くする　本物の教養　出口治明（著）　幻冬舎
・おとなの教養——私たちはどこから来て、どこへ行くのか？　池上彰（著）　NHK出版
・お金持ちはなぜ、「教養」を必死に学ぶのか　加谷珪一（著）　朝日新聞出版
・不安な未来を生き抜く知恵は、歴史名言が教えてくれる　竹中平蔵（著）　SBクリエイティブ
・本音で生きる　一秒も後悔しない強い生き方　堀江貴文（著）　SBクリエイティブ
・働く理由　99の名言に学ぶシゴト論。　戸田智弘（著）　ディスカヴァー・トゥエンティワン
・ウェブはバカと暇人のもの　中川淳一郎（著）　光文社
・ネットのバカ　中川淳一郎（著）　新潮社
・情報の強者　伊藤洋一（著）　新潮社
・下流老人　一億総老後崩壊の衝撃　藤田孝典（著）　朝日新聞出版
・貧困世代　社会の監獄に閉じ込められた若者たち　藤田孝典（著）　講談社
・下流中年　一億総貧困化の行方　雨宮処凛（著）他　SBクリエイティブ

・ユダヤ人大富豪の教え　本田 健（著）だいわ文庫
・言ってはいけない　残酷すぎる真実　橘 玲（著）新潮社
・佐藤 優 選——自分を動かす名言　佐藤 優（著）青春出版社
・人を動かす　文庫版　D・カーネギー（著）創元社
・影響力の武器［第三版］なぜ、人は動かされるのか　ロバート・B・チャルディーニ（著）誠信書房
・本を読む本　J・モーティマー・アドラー（著）講談社
・思考は現実化する——アクション・マニュアル、索引つき　ナポレオン・ヒル（著）きこ書房
・はじめて講師を頼まれたら読む本　大谷 由里子（著）KADOKAWA／中経出版
・【新装版】運命を創る——人間学講話　安岡正篤（著）プレジデント社
・【新装版】論語の活学——人間学講話　安岡正篤（著）プレジデント社
・夜と霧　新版　ヴィクトール・E・フランクル（著）みすず書房
・運命を拓く　中村天風（著）講談社
・論語　金谷治（訳）岩波書店
・孫子　金谷治（訳）岩波書店
・孟子　金谷治（訳）岩波書店

・竜馬がゆく　司馬遼太郎（著）文春文庫
・プロフェッショナルマネージャー　ハロルド・ジェニーン（著）プレジデント社
・読書力　齋藤孝（著）岩波書店
・成功哲学　ナポレオン・ヒル（著）きこ書房
・読書が「知識」と「行動」に変わる本　大岩俊之（著）明日香出版社
・読んだ分だけ身につくマインドマップ読書術　大岩俊之（著）明日香出版社
・ビジネス本1000冊分の成功法則　大岩俊之（著）ＰＨＰ研究所
・年収を上げる読書術　大岩俊之（著）大和書房

【著者紹介】

大岩俊之（おおいわ　としゆき）

ロールジョブ代表　セミナー研修講師

1971年生まれ。

大学卒業後、電子部品メーカー、半導体商社など4社で、法人営業を経験。いずれの会社でも、必ず前年比150%以上の営業数字を達成。200人中1位の売上実績を持つ。

独立起業を目指すなか、「成功者はみな読書家」というフレーズを見つけ、年間300冊以上の本を読むようになる。

独立起業後、読書法やマインドマップ、記憶術などの能力開発セミナー講師をしながら、営業やコミュニケーション、コーチングなどの研修講師として5,000人以上に指導してきた実績を持つ。

読書をすることで、知識と経験を増やして教養に変え、その結果、「呼ばれる講師」として、年間150日以上登壇し活躍している。

著書に、『読書が「知識」と「行動」に変わる本』『読んだ分だけ身につく　マインドマップ読書術』（明日香出版社）、『ビジネス本1000冊分の成功法則』（PHP研究所）、『年収を上げる読書術』（大和書房）などがある。

●資格など

・ThinkBuzan公認マインドマップインストラクター
・アクティブ・ブレイン協会　認定講師
・GCS認定プロフェッショナルコーチ
・キャリア・デベロップメント・アドバイザー（CDA）
・国家資格　キャリアコンサルタント

●連絡先など

・ホームページ：http://role-job.com
・メールアドレス：info@role-job.com

格差社会を生き延びる
〝読書〟という最強の武器

大岩　俊之 著

2016年 9月 30日初版発行

編　集－原　康明
編集長－太田鉄平
発行者－梶本雄介
発行所－株式会社アルファポリス
　〒150-6005 東京都渋谷区恵比寿4-20-3 恵比寿ｶﾞｰﾃﾞﾝﾌﾟﾚｲｽﾀﾜｰ5F
　TEL 03-6277-1601（営業）03-6277-1602（編集）
　URL http://www.alphapolis.co.jp/
発売元－株式会社星雲社
　〒112-0005 東京都文京区水道1-3-30
　TEL 03-3868-3275
装丁・中面デザイン－ansyyqdesign
写真－アマナイメージズ
印刷－中央精版印刷株式会社

価格はカバーに表示されてあります。
落丁乱丁の場合はアルファポリスまでご連絡ください。
送料は小社負担でお取り替えします。

ISBN 978-4-434-22424-9 C0030